Herbert Fiedler

Ich höre was, was du nicht siehst

Herbert Fiedler

Ich höre was, was du nicht siehst

Musik hören, spüren und erleben

HERDER

FREIBURG · BASEL · WIEN

Dieses Buch ist meinen beiden Kindern Gian Paolo und Chiara Sophia gewidmet.
In der Zeit des Schreibens spürte ich immer eure Gedanken,
die mich begleitet und gestützt haben,
so wie auch meine Gedanken immer bei euch waren.

Originalausgabe

www.herder.de

Umschlaggestaltung und -konzeption:
R · M · E Roland Eschlbeck/Rosemarie Kreuzer
Umschlagfoto: Hartmut W. Schmidt, Freiburg
Fotos im Innenteil: Herbert Fiedler

Satz: freiburger graphische betriebe
Herstellung: fgb · freiburger graphische betriebe
www.fgb.de

Gedruckt auf umweltfreundlichem, chlorfrei gebleichtem Papier
Printed in Germany

ISBN 978-3-451-32088-0

Inhalt

1. Auftakt

> *„Ein großer Lehrer ist einer, der aus seinen Schülern Funken herausschlagen kann, Funken, an denen ihr Enthusiasmus für Musik – oder was immer sie studieren – schließlich Feuer fängt."*
>
> Leonard Bernstein (1918–1990)

Die Musik ist wie ein „Zauberschlüssel", ein Schlüssel, der jedem Menschen einen Zugang zu seinem Innersten erschließen kann. Sie öffnet die Tür zum Herzen und die Pforte zur Seele. Voraussetzungslos und unmittelbar ist diese Begegnung, da der Mensch „die Musik in sich selbst hat" (William Shakespeare) denn: „Jeder Mensch wird mit der Erfahrung von Rhythmus geboren, dem Herzschlag der Mutter, und mit einem Musikinstrument, der Stimme."[1]

Die „musikalischen Erfahrungen" beginnen bereits vor der Geburt. Der auditive Sinn, also der Hörsinn, funktioniert ab der 12. Woche der Embryonalentwicklung.[2] Kein Wunder, dass Neugeborene Töne, Rhythmen und Stimmen unterscheiden können. Sie genießen und kennen aufgrund ihrer langen Hörerfahrung die Sprachmelodien ihrer vertrauten Bezugspersonen, entfalten aufgrund ihrer Bedürfnisse sehr schnell eigene Ausdrucksnuancen und haben Spaß an ihren eigenen Lauten respektive an Rhythmus, Klang und Stimmmodulation – was sich in der unbändigen Freude zeigt, „unsinnige" Laute zu kreieren oder komische Wörter zu erfinden, die einfach schön klingen und nichts bedeuten. In der weiteren Entwicklung summen die Kinder häufig gedankenverloren ihnen bekannte Melodien aber auch eigene Improvisationen vor sich hin, sind aber konzentriert bei ihrer Tätigkeit.

Behutsam und in ihrer eigenen Zeit öffnen sie sich ihre Türen und lernen ihre innere Welt zu äußern, einen Ausdruck zu finden. Auf diesem Weg können wir Pädagogen und Pädagoginnen sie durch eine sensible Wahr-

---

[1] Howard Gardner: Kreative Intelligenz, München 2002, S. 118ff.

[2] Renate Zimmer: Handbuch der Sinneswahrnehmung, Freiburg 2001, S. 86.

nehmungsförderung aller Sinne unterstützen. Diese Förderung sollte schon bei den Kleinsten beginnen, denn „Es gibt Bereiche der Seele, die nur durch die Musik beleuchtet werden“ (Zoltán Kodály).
Kinder zu „musikalisieren“, ihnen sinnliche Erlebnisse zu ermöglichen, sie ihre Stimme und ihren Körper spüren und erfahren zu lassen, sie zum Singen und Musizieren zu bringen und mit der Zeit zu lehren, all dies selbst zu gestalten, sollte im Mittelpunkt der musikpraktischen Arbeit stehen.
Viele Menschen empfinden sich als „unmusikalisch“ und trauen sich nicht, zu singen. Doch der Musikpädagoge Heinrich Jacoby führte bereits in den zwanziger Jahren des letzten Jahrhunderts den Begriff der „Begabtheit für Musik“ ad absurdum.[3]

Neuere Studien belegen, wie wichtig die frühe musische Förderung für **alle** Kinder ist. Studien wie u. a. die Langzeitstudie an Berliner Grundschulen „Musik(erziehung) und ihre Wirkung“ (Hans Günther Bastian), das Projekt „Musik im Kindergartenalltag“ (Kreis Viersen und Akademie Remscheid), das Projekt „Ganzheitliche Frühförderung kultureller Intelligenz“ (GFKI) (Akademie Remscheid) und neue Ergebnisse aus der Hirnforschung (u. a. von Prof. Dr. Wolf Singer, Prof. Dr. med. Eckart Altenmüller, Prof. Dr. Dr. Manfred Spitzer) zeigen in besonderer Weise, welche große Bedeutung der frühen Begegnung mit der Musik und dem eigenen Musizieren zugesprochen werden kann – im Hinblick auf die Persönlichkeitsentwicklung, aber auch auf die Entwicklung von Kompetenzen in ganz anderen Bereichen,

[3] Vgl. Heinrich Jacoby: Jenseits von ‚musikalisch‘ und ‚unmusikalisch‘, Hamburg 1995.

wie zum Beispiel in der Mathematik. Als besonders interessant haben sich die Querverbindungen der musischen Bildung mit anderen Disziplinen erwiesen, ein Aspekt der insbesondere im Kontext des ganzheitlichen Lernens von Bedeutung ist. Howard Gardner, ein amerikanischer Erziehungswissenschaftler, hat diese positiven Wechselwirkungen eindrucksvoll beschrieben: In seinem Buch „Intelligenzen – Die Vielfalt des menschlichen Geistes“ von 1999 zeigt Gardner das Konzept der multiplen Intelligenz auf. In Anlehnung an dieses Konzept sollte Musik nicht nur „pur als Musik“ gesehen und vermittelt werden, sondern als eine „Sammlung von Wahrnehmungs- und Ausdruckserfahrungen“, die im Alltag auf alle Bereiche übertragen werden können. So fördert Musik und ihre Verbindung bzw. Übertragung im Sinne einer interdisziplinären Arbeitsweise einen ganzheitlichen pädagogischen Ansatz.

In der (musik-)praktischen Arbeit gilt es, mit kleinen Schritten vorwärts zu gehen, sensibel mit sich und den Kindern umzugehen und mit ihnen gemeinsam zu lernen. Dabei ist es für die pädagogischen Fachkräfte entscheidend, dass man sich einfach traut zu singen, dass man beginnt, mit seinem Körper zu musizieren und dabei lernt, ihn zu disponieren und zu koordinieren, dass man sein Hören und Zuhören sensibilisiert und sich mit der Geschichte und den Epochen der Musik lesend und hörend auseinandersetzt. Die Musiktheorie dient der Praxis und ist eine wichtige Fundamentstütze für die pädagogischen Fachkräfte, sie erschließt und verankert die theoretischen Hintergründe für das praktische Musizieren mit Kindern. In der pädagogischen Umsetzung birgt der Ansatz eines prozessorientierten Lehrens die Chance, ständig neue und adäquate Lösungen in der Arbeit mit den Kindern zu finden und sie gleichzeitig individuell abzuholen.

So sollte man, wie Leonard Bernstein es formulierte, „Funken aus seinen Schülern schlagen“, ihnen die Musik hörend, spürend, erlebend und für sie und mit ihnen musizierend sensibel so nahe bringen, dass bei ihnen ein lebenslanges Feuer für die Musik entfacht wird. Diese Grundhaltung gilt jedoch nicht nur für die Musik allein, nein, dies gilt generell in allen Auseinandersetzungen im künstlerischen und pädagogischen Bereich und somit auch in dem des Menschseins.

In der Musikpraxis mit Kindern sollte die Theorie und mit ihr auch die

Notation erst deutlich später aufgezeigt werden, um den Zugang und die sinnlichen Erfahrungen durch eine zu frühe Theoretisierung nicht einzuengen oder gar einzuschränken. Das Erleben in der Praxis steht immer im Vordergrund. Erst wer die Musik hören, spüren und erleben kann, wird sie nach außen transportieren und später aufschreiben können. „Komponiert ist schon alles, aber geschrieben noch nichts" (Wolfgang Amadeus Mozart).

In diesem Sinne wünsche ich Ihnen für Ihren eigenen musikpädagogischen Weg vor allem Ver-Trauen!

- Vertrauen in die Musik als eigene Sprache,
- Vertrauen in die Kinder und ihr Können und
- Sich-Trauen im Experimentieren mit neuen Vermittlungsmethoden.

Ihr Herbert Fiedler

2. Was dieses Buch bietet

Mit diesem Buch möchte ich praxisnahe Möglichkeiten für „das Musikmachen mit Kindern" aufzeigen. Die Kinder müssen die Chance bekommen, *eigene* Erfahrungen zu sammeln, damit sie diese in einen *eigenen* Kontext setzen können. Entscheidende Fragen, die wir uns wiederholend stellen sollten, sind hierfür:

- Wie kann man Kinder mit Musik spannend, humorvoll und lebendig zu Fantasie, zur Sensibilisierung ihrer Sinne und zum Singen und Musizieren anregen?
- Wie können wir sie mit offenen Fragen auf dem Weg des Er-lebens und Be-greifens der Musik begleiten?
- Wie können wir ihre Erlebnisse in der Auseinandersetzung mit Musik sichtbar machen oder überprüfen?
- Wie können wir die daraus gewonnenen Erkenntnisse in den musikpraktischen Alltag so einfließen lassen, dass die Kinder individuell unterstützt und gefördert werden können?
- Wie führt man sie zu einem selbstständigen Handeln und Gestalten von Anfang an?

Dieses Buch wurde aus der Praxis für die Praxis geschrieben. Es maßt sich nicht an, allumfassend zu sein. Es ist auch kein fertiges Rezeptbuch oder gar als solches zu verstehen. Nein, in diesem Buch werden Möglichkeiten vorgestellt, die jederzeit völlig frei für jede Gruppe neu modifiziert werden sollten. Es zeigt einen praxisnahen Weg für das Musizieren mit Kindern auf, aber es beinhaltet auch kleine Stolpersteine. Nicht zum Stolpern im Sinne des Fallens, sondern ganz im Gegenteil! Stolpersteine, die einen aus seinem – und den haben wir alle – Alltagstrott bringen und nachdenklich und neugierig auf die Begegnung mit der Musik machen sollen.
Das nachfolgende Kapitel 3.1 „Richtlinien und Bildungspläne" gibt Hinweise zu den Anforderungen innerhalb der theoretischen und praktischen Musikvermittlung im Vorschulbereich. Die im Kapitel 3.2 vorgestellten Projekte zeigen innovative und modellhafte Wege einer praktischen Realisierung auf.

Weiterhin hilft dieses Buch, die Grundlagen der Musik verstehen zu lernen (Kapitel 4), das eigene Anleiterverhalten zu hinterfragen und zu trainieren (Kapitel 5). Im Kapitel 6 finden Sie Beispiele für ein lebendiges Musizieren mit Kindern aus der Praxis für die Praxis. Es handelt sich nicht um eine fertige Rezeptsammlung, sondern Sie finden eine Fülle von Anregungen zur Unterstützung und zum Finden eigener musikpädagogischer Lösungen.
Im Anhang (Kapitel 7) finden Sie ein alphabetisches Verzeichnis der im Buch vorgestellten Praxisbeispiele (7.1), Buchtipps (7.2), Anschaffungsempfehlungen (7.3) und CD-Vorschläge (7.4) sowie ein kleines Glossar mit Erläuterungen zu den im Buch verwendeten Fachbegriffen (7.5).

3. Richtlinien, Bildungspläne und Modellprojekte

„Musik hat von allen Künsten den tiefsten Einfluss auf das Gemüt, ein Gesetzgeber sollte sie deshalb am meisten unterstützen."

Napoleon Bonaparte (1761–1821)

Durch die OECD-Studien „Starting Strong: Early Childhood Education and Care", aber vor allem durch die PISA-Studie ist eine enorm große Bildungsdiskussion in Deutschland ausgelöst worden. Innerhalb dieser Diskussionen wurden die schulischen und vorschulischen Bildungssysteme hinterfragt. Vor allem im Vorschulbereich wurden u. a. das niedrige Ausbildungsniveau der Fachkräfte, die unterschiedlichen, nicht aufeinander abgestimmten Bildungssysteme und die fehlende Forschung bemängelt. So hat die Bundesregierung den „quantitativen und qualitativen Ausbau der Kinderbetreuung zu einem ihrer wichtigsten gesellschaftspolitischen Vorhaben" proklamiert; Kindertageseinrichtungen sollen und müssen als Orte der Erziehung und Bildung die Persönlichkeit der Kinder stärken.
Die aufgrund des Beschlusses der Jugendministerkonferenz vom 13./14.05. 2004 und der Kultusministerkonferenz vom 03./04.06.2004 in den einzelnen Bundesländern entwickelten und bis 2009/10 gültigen Orientierungspläne legen mit den Leitfragen „Was will das Kind?" und „Was braucht das Kind?" ihren Schwerpunkt auf die Perspektive des Kindes, denn „Kindergärten haben neben Aufgaben der Erziehung und Betreuung auch einen Bildungsauftrag, der sich an den spezifischen, alterstrukturell bedingten Bedürfnissen der Kinder orientiert. [...] Die Bildungsarbeit in Kindergärten ist eine zentrale Aufgabe."[4] Die ganzheitliche Förderung des Kindes, das Lernen mit allen Sinnen, steht dabei im Mittelpunkt der Kindergartenpädagogik. Dabei heißt es, dass eine Fächerorientierung bzw. eine Orientierung an den Disziplinen der Wissenschaft im Elementarbereich fremd sei. Es sollen jedoch Themenfelder für die praktische Arbeit mit

4 Kultusportal Baden-Württemberg, Ministerium für Kultus, Jugend und Sport.

Kindern beschrieben werden. Diese konkretisieren die Angebote und wecken bei den Kindern Neugier und Lust. Dabei sollen die u.a. Bildungsbereiche einander nicht isoliert gegenüberstehen, sondern sich gegenseitig durchdringen und bereichern.

Die auf den o.g. Beschlüssen basierenden Bildungsbereiche

- Sprache, Schrift, Kommunikation
- Personale und soziale Entwicklung, Werteerziehung / religiöse Bildung
- Mathematik, Naturwissenschaft, (Informations-) Technik
- Musische Bildung / Umgang mit Medien
- Körper, Bewegung, Gesundheit
- Natur und kulturelle Umwelten

bzw. in einigen Bundesländern definiert als Bildungs- und Entwicklungsfelder

- Sinne
- Körper
- Sprache
- Denken
- Gefühl und Mitgefühl
- Sinn, Werte und Religion

gelten als verbindlich für alle Kindertageseinrichtungen und das pädagogische Personal.
Als Arbeitsform wird die Projektarbeit empfohlen, in der es gilt, die Lerninhalte mit der Lebenswelt und den Interessen der Kinder zu verknüpfen, ein selbst gesteuertes Lernen zu unterstützen und den Kindern Gestaltungsspielräume für ein experimentelles und forschendes Lernen zu ermöglichen.

3.1 Musik in den Bildungsplänen der Länder

Im „Gemeinsamen Rahmen der Länder für die frühe Bildung in Kindertageseinrichtungen" heißt es zum Thema „Musische Bildung/Umgang mit Medien":
„Musische Bildung im Sinne von ästhetischer Bildung, musikalischer

Früherziehung und künstlerischem Gestalten spricht die Sinne und die Emotionen an, fördert Fantasie und Kreativität sowie die personale, soziale, motorische und kognitive Entwicklung. Die kulturelle Einbettung des Kindes kann dadurch gestärkt und die Aufgeschlossenheit für interkulturelle Begegnung und Verständigung unterstützt werden. Was den Umgang mit Medien angeht, gehört zur Medienkompetenz als dem obersten Ziel von Medienbildung auch die Fähigkeit, Medien zweckbestimmt und kreativ zu nutzen und damit eigene Werke zu erstellen."[5]

Im Kultusportal Baden-Württemberg, Ministerium für Kultus, Jugend und Sport wird zum Thema „Sinne" Folgendes ausgeführt:
„Kunst, Musik und Theater bieten den Kindern im Alltag die Mittel, sich schöpferisch und damit aktiv mit sich selbst, den Spielpartnern und ihrer Umgebung auseinander zu setzen. Dabei werden Sinne sensibilisiert und die Persönlichkeitsentwicklung gefördert. (...)
Der Kindergarten muss ein Ort des optischen und klanglichen Wahrnehmens sein, ein Ort des Erkundens und Erfahrens, des Experimentierens und Erfindens und ein Ort für Gestalten und Formen. Gestisches und mimisches Darstellen sind im Sinne einer ganzheitlichen Ausrichtung ebenso wichtig wie Tanz und Bewegung, bildnerisches Gestalten, Spiele mit der Muttersprache und in ganz besonderer Weise auch die Musik. [...]"
Diese grundsätzlichen und allgemeinen Ausführungen für den Bildungsbereich „musische Bildung" bzw. der „Sinne" gilt es inhaltlich und methodisch/didaktisch zu füllen. Hierfür haben die einzelnen Bundesländer individuelle Programme innerhalb ihrer Orientierungs- bzw. Bildungspläne entwickelt, zum einen eher grundsätzlich und offen, so dass der Orientierungsplan sehr individuell von jeder Einrichtung selbst erweitert werden kann und muss, andere Pläne geben sehr konkrete Vorgaben. Von daher ist es lohnend und empfehlenswert, die Orientierungspläne genauer zu studieren.[6]

---

[5] Beschluss der Jugendministerkonferenz vom 13./14.5.2004 und Beschluss der Kultusministerkonferenz vom 3./4.6.2004, www.rahmenplan.de/bildungsplan.html

[6] Die Bildungspläne der einzelnen Bundesländer können über den Deutschen Bildungsserver abgerufen werden: www.bildungsserver.de/zeigen.html?seite=2027

3.2 Projekte und Modellprojekte

„FELIX – kleine Kinder singen gern!“ Deutscher Chorverband e. V.

FELIX ist ein vom Deutschen Chorverband e. V. initiiertes und bundesweit aktives Netzwerk zur Förderung der musikalischen Bildung in Kindergärten und Kindertagesstätten. Gleichzeitig gilt FELIX als Gütesiegel. Er wird an Einrichtungen verliehen, die in besonderem Maße die musikalische Entwicklung der Drei- bis Sechsjährigen fördern. Der Schwerpunkt betont ein kindgerechtes Singen.

„Felix“ wird als Urkunde und als Plakette zum Anbringen an der Außenwand des Kindergartens verliehen. Das Gütesiegel wird erst vergeben, nachdem ehrenamtliche FELIX-Berater die musikalischen Aktivitäten sowie das musikpädagogische Konzept der Einrichtung evaluiert haben. Nach drei Jahren erfolgt eine erneute Qualitätsprüfung.

Die Initiative „FELIX – kleine Kinder singen gern!“ des Deutschen Chorverbandes wurde mit dem bundesweiten Preis für Innovationen, dem INVENTIO 2006, ausgezeichnet.

Informationen: http://www.cvnb.de/projekte/langfristigeprojekte/felix/index.php

Musik im Kindergartenalltag – Kreis Viersen

Das Kreisjugendamt Viersen fördert das Projekt „Musik im Kindergartenalltag“ seit 1999. Die Konzeption, musikpädagogische Begleitung und Evaluation liegt bei Herbert Fiedler, Leiter des Fachbereichs Musik an der Akademie Remscheid. Ziel des Projekts ist, durch kontinuierliche Fortbildung und Praxisbegleitung den Erzieherinnen Wege zum selbstständigen Entwickeln und Durchführen von qualifizierten Musikstunden und -projekten mit Kindern aufzuzeigen. In vierzehn Kindergärten des Kreises Viersen wurde das Projekt erfolgreich durchgeführt, sieben neue sind inzwischen hinzugekommen. Das Modellprojekt wurde mit dem bundesweiten Preis für Innovationen, dem INVENTIO 2005 des Deutschen Musikrates und der Stiftung „100 Jahre Yamaha“ e. V. ausgezeichnet. Die Kooperation des Kreises mit der Akademie Remscheid gilt als wichtige Innovation und wird als Vorbild für andere Träger der Bildungsarbeit empfohlen. So war es u. a. auch inspirierend für das Projekt „Kita macht Musik“ der Bertelsmann Stiftung und für das GFKI-Projekt der Akademie Remscheid. Informationen: http://www.jugendinfobox.de/musikprojekt/index.php?id=4

Musikkindergarten Berlin

Nicht nur Musikerziehung, sondern Erziehung durch Musik

Der Musikkindergarten Berlin geht zurück auf die Initiative von Daniel Barenboim, Generalmusikdirektor der Staatsoper „Unter den Linden“.
Seit dem 5. September 2005 hat der Musikkindergarten seine Arbeit aufgenommen. Zusätzlich zu einer fundierten, möglichst kreativen, ganzheitlichen, bunten und ästhetischen Grundausrichtung wird im Musikkindergarten Berlin ein besonderer Schwerpunkt auf die Vermittlung musischer Fähigkeiten gelegt. Hierunter fallen nicht nur erste Kontakte mit Musikinstrumenten, sondern auch die spielerische Schulung des Gehörs, Rhythmusgefühls wie auch von Motorik in Form von Bewegung und Tanz. Zusammengefasst also ein umfassendes Aufwecken und Erfahren der eigenen Sinne. Das Besondere am Musikkindergarten Berlin ist die enge Kooperation mit der Staatsoper „Unter den Linden“ und die ehrenamtliche Mitarbeit der Mitglieder der Staatskapelle Berlin und des Staatsopernchores. Diese Berufsmusiker, aber auch Daniel Barenboim selbst unterstützen die fachlich besonders geschulten Erzieher/innen durch regelmäßige Besuche und geben so ihre Leidenschaft und ihr Können weiter.
Informationen: http://www.musikkindergarten-berlin.de/index.html

„Kita macht Musik“ – Bertelsmann Stiftung

Singen und Musizieren in Kindertageseinrichtungen

Seit dem Frühjahr 2005 vereint das Projekt „Kita macht Musik“ 28 Musik- und Volkshochschulen in Niedersachsen, die eine Partnerschaft eingehen,

um Fortbildungskurse für Erzieherinnen anzubieten. Kursanbieter sind die Volkshochschulen; den Unterricht erteilen Fachkräfte der örtlichen Musikschule. Darüber hinaus bieten die Musikschulen den Teilnehmern weitere Angebote zur Vertiefung, wie zum Beispiel einen Erzieherinnenchor, Gitarrenunterricht sowie die langfristige Beratung und Begleitung der musikalischen Aktivitäten in den Kitas. Kernanliegen dieser Lehrgänge ist zunächst, das musikalische Selbstbewusstsein der Erzieherin zu stärken und sie musikalisch zu fördern. So kann Musik verstärkt in den Alltag der Kinder einfließen, denn, ob es um den sprachlichen oder musikalischen Selbstausdruck geht – für die Entwicklung des einen wie des anderen – es steht hierfür nur ein begrenztes Zeitfenster zur Verfügung. Diese Tatsache macht den frühen Beginn von Musikerziehung so bedeutsam.
Informationen: http://www.bertelsmann-stiftung.de/cps/rde/xchg/SID-0A000F14-6D54222D/bst/hs.xsl/10332.htm

„Ganzheitliche Frühförderung kultureller Intelligenz" (GFKI) – Akademie Remscheid

Bildung von Anfang an

Ein Praxisprojekt zur Entwicklung von Curriculum-Bausteinen für die Qualifizierung von ErzieherInnen zur Förderung kultureller Bildung in Kindertageseinrichtungen, Zeitraum: 1.10.2004–30.9.2006
Ganzheitlich verstehen wir so:
Mit allen Sinnen wahrnehmen und ausdrücken.
Frühförderung verstehen wir so:
Die Kompetenzentwicklung der Kinder im Vorschulalter unterstützen und herausfordern.
Kulturelle Intelligenz verstehen wir so:
Fähigkeit zur Problemlösung und Lebensgestaltung mit kulturellen Mitteln.

In diesem Projekt wurden die Kinder bewusst in ihrer ganzheitlichen Wahrnehmungsfähigkeit und in allen kreativen Ausdrucksmöglichkeiten gefördert, um ihr Leben aktiv mit kulturellen Mitteln gestalten zu können.

Der methodische Arbeitsansatz in diesem Konzept besteht u.a. in dem pädagogischen Arrangieren von Übertragungen von Wahrnehmungen in Gestaltungsweisen. Und dies auch noch von einem kulturellen Fachgebiet in ein anderes.
In diesem Frühförderungskonzept wurden keine Einzelbegabungen gefördert, sondern die ganzheitliche Entwicklung kultureller Fähigkeiten unterstützt – mit einem Mix aus musikalischen, sprachlichen, gestalterischen und spielerischen Erfahrungen. Und alles zur richtigen Zeit, nämlich bereits vor dem Schulbeginn – entsprechend den „Zeitfenster"-Erkenntnissen des Max-Planck-Instituts für Hirnforschung in Frankfurt/Main. Wir sprechen bei diesem Projekt – in Anlehnung an das Konzept multipler Intelligenz des amerikanischen Erziehungswissenschaftlers Howard Gardner – von „kultureller Intelligenz", weil es uns nicht um die beliebige Aneinanderreihung ästhetischer Fähigkeiten geht, sondern um die souveräne Beherrschung von Wahrnehmung und Ausdruck für alltägliche Problemlösungen und die gesamte Gestaltung des Lebens.
Informationen: http://www.projekt-gfki.de/index.html

Bastian-Studie

Unter der Leitung des Frankfurter Musikpädagogen Prof. Dr. Hans Günther Bastian wurde zwischen 1992 und 1998 an sieben Berliner Grundschulen eine Langzeitstudie „Zum Einfluss von erweiterter Musikerziehung auf die allgemeine und individuelle Entwicklung von Kindern" durchgeführt. Dieses Forschungsprojekt wurde vom Bundesministerium für Bildung und Forschung gefördert. Dabei konnte wissenschaftlich nachgewiesen werden, dass Musik das Sozialverhalten verbessert, den IQ-Wert erhöht, Konzentrationsschwächen kompensiert, die Lern- und Leistungsmotivation steigert, die emotionale Befindlichkeit verbessert, das Angsterleben reduziert und damit generell die schulischen Leistungen verbessert.
Die Ergebnisse sind erschienen in: Hans Günther Bastian: „Musik(erziehung) und ihre Wirkung" und „Kinder optimal fördern – mit Musik" (Schott Music).

4. Grundlagen der Musik

„Die Musik allein wirkt gleichzeitig auf die Phantasie, auf das Gemüt, auf das Herz und die Sinne.“

Hector Berlioz (1803–1869)

4.1 Musik, faszinierende Welten

Musik besteht aus den Bausteinen Melodie, Harmonie und Rhythmus. Es sind Geräusche, Klänge und Töne, die in einem zeitlichen Ablauf mit Hilfe einer bestimmten Form, einer Gestaltung, zu hören und zu erleben sind.
Wenn wir über die Faszination der Musik sprechen, beziehen wir uns nicht auf ihre Bedeutung: als ganz eigene Sprache ist Musik nicht wirklich übersetzbar. So sind Noten keine geschriebenen Worte, die wir zu einer einmal festgelegten Bedeutung in Beziehung setzen können. Die gleiche Note kann, gesungen oder gespielt von verschiedenen Instrumenten, immer wieder anders wirken und klingen.
Es ist die Wirkung der Musik, die fasziniert: Wenn wir Musik hören oder wenn wir musizieren, fühlen wir uns berührt und bewegt. Musik kann positive und negative Emotionen hervorrufen. Sie kann in unserem tiefsten Inneren auf Seele und Geist wirken. Auf der anderen Seite kann Musik Geschichten, Bilder, Farben und Emotionen evozieren und uns in andere Welten „entführen“. Wir können Musik genießen und zur Entspannung „einatmen“, sie aber auch zum Abbau von Aggressionen oder als Energiespender für die Arbeit im Alltag nutzen. Die Musik spricht viele Sinne an. Natürlich kann man sie über die Ohren wahrnehmen, aber man kann sie auch mit dem ganzen Körper spüren und fühlen[7]. Diese Erfahrung ist auch für Kinder sehr faszinierend (Praxisbeispiele im Kapitel 6.6 „Hören“).

---

[7] Dies zeigt in besonderer Weise Evelyn Glennie in ihrem Film „Touch the Sound“ von 2004 auf. Evelyn Glennie (*1965 in Aberdeenshire, Schottland) begann mit zwölf Jahren Pauke, Trommeln und Xylophon zu spielen. Aufgrund einer Nervenkrankheit verschlechterte sich zur gleichen Zeit ihr Hörvermögen auf ca. 20 %. Seither nimmt sie Töne und Musik maßgeblich über Vibrationen, über Schwingungen war. Ein Zitat: „Jede Trommel hat ihre eigene Persönlichkeit!“

Das innere und äußere Erleben von Musik, ausgelöst durch Schwingungen, die sowohl über das Ohr als auch über die „unsichtbare Berührung" unseres Körpers wahrgenommen werden, lässt uns immer wieder in neue faszinierende Musikwelten eintauchen. Es kommt so zu einem inneren „Ich höre was" in Verbindung mit einem äußeren „Was du nicht siehst", denn sichtbar ist Musik in den seltensten Fällen.

4.2 Musik und ihre Emotionen

Die Musik wird in ihrer Emotionalität absolut individuell erlebt und interpretiert. Auf der anderen Seite wird die Musik aufgrund ihrer großen emotionalen Wirkung in unterschiedlichen Bereichen gezielt eingesetzt, sei dies in der Werbung, der Filmmusik, in Wellness-Oasen oder im Sport. In manchen Diskotheken gibt es die Möglichkeit, sich mit den pulsierenden Beats der „Techno-Music" in einen „Rausch" zu tanzen, um sich dann in einem Raum mit „Ambient-Music" zu beruhigen.
Seit langem ist die heilende Wirkung der Musik bekannt, so entstand im Bereich der Medizin die Musiktherapie.
Musik ist eine zwar nicht „deutbare" aber dennoch „universale" Sprache, sie kommt in allen Kulturen seit Urzeiten vor, sie ist neben der verbalen Sprache ein weiteres Kommunikationssystem – und doch kann man ohne Musik (über)leben, man kann Nutzen ziehen aus dem Hören von Musik, ohne selbst Musik machen zu können. Hier gibt es in jüngster Zeit spannende Untersuchungen der sogenannten Neurowissenschaften. Die in uns eindringende Musik, so die These, entsteht nicht als solche, sondern wird aktiv von unserem Gehirn konstruiert und löst so Emotionen aus[8]. Obwohl die deutsche Sprache mit über 400 Emotionsworten zu den ausdrucksreichsten gehört, lassen sich manche Gefühle nicht immer in Worte fassen, eher noch durch die Musik. Beim Hören von Musik bewirken ausgelöste

---

[8] Aus einem Vortrag von Prof. Dr. Eckart Altenmüller (Leiter des Instituts für Musikphysiologie und Musikermedizin, Hochschule für Musik und Theater, Hannover) über: „Musik, Gehirn und Emotionen" (ca. 45 min.). Es ist äußerst lohnend, sich den gesamten Vortrag im Internet anzuhören.http://www.oeaw.ac.at/deutsch/aktuell/audiolecture.html#altenmueller (FLASH anklicken).

Emotionen spürbare körperliche Reaktionen wie Gänsehaut, erhöhten Herzschlag, Mundtrockenheit, schwitzige Hände u.a. In Untersuchungen hat man festgestellt, dass das sogenannte Gänsehauterlebnis zur Ausschüttung von Glückshormonen führt, welches die Gedächtnisbildung verbessert. Hierbei spielt die eigene Hörbiografie eine entscheidende Rolle. In Tests wurde aufgezeigt, dass die eigene emotionale Bewegung stärker ausgelöst wird, je mehr man Musik hört, über Musik weiß und ihre Strukturen kennt.

In der musikpädagogischen Arbeit mit Kindern stellt sich die Frage, was sie empfinden, wenn sie Musik hören oder selbst Musik machen? Was löst Musik bei ihnen aus? In Gesprächen mit den Kindern stellen wir fest, wie unterschiedlich ihre individuellen Erfahrungen und Hörgewohnheiten sind. Mit Hilfe von offenen Fragen (siehe 5.2.2 „Prozessorientierte Musikeinheiten"), können sie Antworten finden und lernen dabei, ihre Gefühle zu beschreiben oder ihre erlebten Bilder, Geschichten, Farben und Emotionen zu verbalisieren. Über den Weg des Malens, des Gestaltens oder der Pantomime kann auch ein nonverbales Äußern stattfinden. Es gibt aber auch Momente des inneren Erlebens, die Kinder nicht preisgeben möchten. Dies gilt es zu respektieren! Innerhalb dieser Gespräche ist es wichtig, offen für alle Musikrichtungen und Stilistiken zu sein (Klassik, Jazz, Rock- und Popmusik, Musik anderer Kulturen). Natürlich hat jede pädagogische Fachkraft eigene Vorlieben – und die sollten die Kinder durchaus kennenlernen – aber es kann nicht darum gehen, ihnen diese „überzustülpen".

Ein befreundeter Pianist dessen Frau ein Kind erwartete, übte ein neues Programm für einen Klavierabend. Seine Frau und insofern auch sein Kind hörten dabei des Öfteren zu. Als seine Tochter schon eine ganze Weile auf der Welt war und der Musik über sein Spielen und Üben begegnete, war sie eines Abends bei seinem Klavierspiel sehr unruhig. Da kam er auf die Idee, einen kleinen Test zu probieren. Er spielte das gleiche Klavierprogramm, das er in der Zeit der Schwangerschaft seiner Frau übte. Seine Tochter krabbelte zu seiner Überraschung unter den Flügel und schlief nach kurzer Zeit sehr ruhig ein.

4.3 Geräusch, Klang, Ton

Ein Geräusch, Klang oder Ton entsteht durch ausgelöste Schwingungsvorgänge. Dabei spricht man bei *Geräuschen* – die wir zum Teil nicht mehr wahrnehmen, da wir sie als „Hörgewohnheiten" (z. B. Verkehrsgeräusche, Meeresrauschen) abgespeichert haben – von unregelmäßigen, nicht periodisch verlaufenden Schwingungen. Geräusche können aber auch Signalwirkung haben (Sirenen, Glocken, ein Pfiff) oder der Orientierung dienen (Signalampeln für Blinde). Es gibt konstante Geräusche (aufgedrehter Wasserhahn, Computerlaufwerk) und unkonstante Geräusche (das Bremsen eines Autos oder das Zwitschern von Vögeln). Zum Teil kann man ihnen Tonhöhen (Dampflockpfeifen, Vögel) oder Klangfarben (dumpfe, rhythmisierte Klangfarbe der Waschmaschine) zuordnen.

Klänge entstehen durch regelmäßige periodische Schwingungen. Sie haben eine Grundschwingung mit darüber gelagerten harmonischen Teilfrequenzen (Obertöne) und besitzen sowohl eine Klanghöhe als auch eine Klangfarbe. Werden sie zu sinusförmigen Schwingungen, spricht man von einem *Ton*, dem Sinuston.[9] In der Musik kommt es sehr schnell

[9] So die Akustiker in ihrer Definition nach DIN 1320, http://www.staedtebauliche-laermfibel.de/kap"2/kap"2-1.htm, Abb. 2/1.

zu einer Vermischung der beiden Begriffe Klang und Ton. Wir sprechen beispielsweise von einem „Klavierton", obwohl dieser keine rein sinusförmige Struktur hat, sondern die Zusammensetzung eines Klanges besitzt. So spielt oder singt man in der Musik Töne, obwohl wir von Klängen sprechen müssten. Gleichzeitig spricht man vom Klang der Töne und meint damit die Klangfarbe. Diese Klang- bzw. „Tonfarbe", die durch mitschwingende Obertöne entsteht und je nach Instrument oder Stimme variiert, bewirkt, dass der gleiche Ton unterschiedlich klingt.
Der Begriff Ton wird aber auch umgangssprachlich genutzt: „Der Trompeter hat einen guten Ton", „Der Ton macht die Musik!" oder wir sprechen von einem „Umgangston" im Miteinander.

„Klangfarbe" und „Sound"

Die Begriffe „Klangfarbe" und „Sound" zu unterscheiden ist recht kompliziert, da es keine eindeutige Definition hierfür gibt. So wird die Klangwirkung häufig als Sound beschrieben. Aber auch der Klang einer Band, der diese unverwechselbar macht (z.B. die Beatles), wird als eigener Sound definiert. Hört man ein klassisches Orchester, spricht man meist von der Klangfarbe des Orchesters. Da aber die Berliner Philharmoniker anders klingen als die Münchner oder Wiener Philharmoniker, könnte man genauso gut von den verschiedenen Sounds der Orchester sprechen. So wird in der klassischen Musik eher vom „Klang" gesprochen, in der Rock- und Popmusik hingegen vom „Sound".

Stille und Lärm

In unterschiedlichen, sehr individuell geprägten Situationen, empfinden wir Geräusche, Klänge oder Töne als Lärm, eine anschließende „Stille" als sehr beruhigend und entspannend. Dabei stellt sich in der musikpädagogischen Arbeit mit Kindern die Frage: Gibt es „Stille"? Und wenn ja, dann wo? (mehr dazu im Kapitel 6.6.1 „Hören, Zuhören, Richtungshören").
Gleichzeitig ist „Stille" ein wichtiger Gegenpol für unser Leben. In der Musik gibt es Pausen, die als Momente der Stille und des Ruhens zu verstehen sind. Es gibt aber auch viele Pausen, die als Momente der Spannung und des Spannungsaufbaus zu erleben sind.
Das bewusste Erleben, Hören und Musizieren mit Geräuschen, Klängen,

Tönen und Pausen ist für Kinder ein großes Erlebnis und eine wichtige Erfahrung. Ihnen diese Unterschiede aufzuzeigen und mit ihnen dabei mit viel Spaß Spiele oder kleine Kompositionen und Hörspiele zu entwickeln, ist eine wertvolle musikpädagogische Aufgabe, denn erstens kann man über diesen Weg sehr schnell mit Kindern musizieren und ihnen die Bausteine sowie die Gewürze der Musik näher bringen (siehe Kapitel 4.4 „Bausteine der Musik“ und Kapitel 4.5 „Die Gewürze der Musik“) und zweitens, das Vorurteil vieler Erwachsener „Geräusche sind keine Musik“ (obwohl das Musizieren mit Alltagsgegenständen längstens bekannt ist) relativieren.

4.4 Bausteine der Musik

Innerhalb der allgemeinen Musiklehre bezeichnet man Melodie, Harmonie, Rhythmus, Metrum, Tempo, Dynamik und Klangfarbe als Elemente oder Parameter der Musik. Im Hinblick auf eine praxisnahe Musikpädagogik mit Kindern hat sich für mich meine folgende Unterscheidung in „Bausteine“ und „Gewürze“ bewährt:

Die **Bausteine** sind

MELODIE, HARMONIE und RHYTHMUS
(der Rhythmus in seinen Unterbegriffen Metrum, Rhythmus und Takt),

die **„Gewürze“** (Parameter) der Musik sind

DYNAMIK, TEMPO und ARTIKULATION.

Zu den einzelnen Bausteinen:

Die Melodie

ist eine Folge von Tönen, Klängen oder Geräuschen im zeitlichen Nacheinander. Als eine Art horizontale Perlenkette kann sie aber auch aus einer Mixtur dieser bestehen.

Die Harmonie

entsteht, wenn eine gleichzeitige vertikale Überlagerung von Tönen, Geräuschen oder Klängen stattfindet. Dabei ist eine Harmonie nicht zwingend ein „harmonischer" Klang, eine Harmonie kann genauso gut disharmonisch bzw. atonal sein.

Der Baustein „Rhythmus"

untergliedert sich in METRUM, RHYTHMUS und TAKT.
Das Wort „Rhythmus" taucht einmal als Baustein auf (Oberbegriff), wird aber gleichzeitig auch bei der Untergliederung wiederholt. Dieser Umstand führt dazu, dass häufig eine sprachliche „Vermischung" oder „Unsicherheit" im Sinne der Definition auftritt.
„Das Kind ist nicht im Takt", aber gemeint ist das Metrum!
„Wir gehen den Rhythmus", aber gegangen wird das Metrum!
„Wir klatschen den Takt", aber geklatscht wird der Rhythmus!
Hier bedarf es der Klärung.

> Ein kleines lustiges Beispiel, das auch Kindern den Begriff „Harmonie" verdeutlicht:
> Wenn wir mit Kindern ein Lied singen, dann meist einstimmig. Wir singen alle die Melodie des Liedes. Singen jedoch alle Kinder gleichzeitig ihr individuelles Lieblingslied, so erhalten wir einen harmonischen Verlauf, eine Harmonie, die vermutlich, anders als ein Kanon, nicht „ganz harmonisch" klingen wird.

Das Metrum

ist die Basis bzw. der Puls oder der Beat in der Musik. In der musikpädagogischen Arbeit mit Kindern ist es sehr hilfreich, das Metrum über den Pulsschlag einzuführen. Häufig spüren und erleben die Kinder dabei das erste Mal ihren eigenen Puls oder den eines Erwachsenen. Sie stellen fest, dass der Pulsschlag sich individuell unterscheidet, dass sich der Puls bei intensiverer Bewegung beschleunigt, bei Bewegungsstillstand beruhigt und somit verlangsamt. Sie erahnen, dass der ruhigste Pulsschlag beim Schlafen zu spüren ist. Und genauso verhält sich das Metrum in der Musik. Es wird im Tempo definiert, kann aber auch allmählich beschleunigt oder verlangsamt werden, im Sinne von accelerando (ital. = beschleunigen) und ritardando (ital. = abbremsen, verzögern).

Der Rhythmus,

orientiert sich an dem Metrum, hat aber ein „narrenfreies Leben“. Er ist im ständigen Wechsel von vielen oder wenigen Impulsen über das Metrum gelagert. Diese Impulse können ständig variieren, sich aber auch wiederholen und damit erkennbare Muster (rhythmische Motive) formen. Der Rhythmus kann ebenso mit dem Metrum eine Zeit „Hand in Hand“ gehen oder auch pausieren.

> Ein musikpraktisches Beispiel: Kinder gehen durch den Raum, d.h. sie gehen ein Metrum. Jetzt bekommt jedes „Metrum-Kind“ ein „Rhythmus-Kind“ als Partner. Während die „Metrum-Kinder“ im gleichen Tempo durch den Raum gehen, entscheiden sich die „Rhythmus-Kinder“, ob sie zeitweilig das Metrum Hand in Hand mit ihrem jeweiligen Partner gehen, sie stehen bleiben (pausieren) oder mal schneller oder langsamer, auch galoppierend (ein rhythmisches Motiv) etc. durch den Raum laufen. Hierbei ist zu erleben, dass der Rhythmus sich von seiner Basis, dem Metrum, sehr weit entfernen kann. Auch das gibt es in der Musik, wobei das Metrum als Basis nie verloren geht!

Der Takt,

entwickelt sich aus einer wiederholenden Betonungsstruktur auf Basis des Metrums. Das gleich bleibende Metrum bekommt einen sogenannten Taktschwerpunkt, eine Taktbetonung (eventuell mit Taktunterbetonung/en s.u.). Klatscht man mit den Kindern ein Metrum und betont dabei wiederholend jedes zweite oder dritte Klatschen, dann bekommt man einen 2er oder 3er Takt. Wenn man sich die Klatschimpulse als Viertelnoten denkt, wäre es ein 2/4 bzw. 3/4 Takt. Definiert man sie als Achtelnoten, dann wäre es ein 2/8 bzw. 3/8 Takt.

Der Taktschwerpunkt liegt auf dem Beginn des Taktes. Wählt man ein Zählmaß, dann liegt er immer auf der Eins. Das bedeutet beim 2/4 Takt **1** – 2 – **1** – 2 – **1** – 2 – **1** – 2 usw. und beim 3/4 Takt **1** – 2 – 3 – **1** – 2 – 3 – **1** – 2 – 3. So entwickelten sich viele unterschiedliche Taktarten (4/4, 5/4, 7/4, 9/8 etc.). Das Metrum als Basis bestimmt also den Nenner, d.h. es wird als Achtel, Viertel etc. definiert. Beim Hören verschiedener Musikstücke er-

kennt man die Taktarten (dies ist eine Frage des Trainings) in Form von einem 3er, 5er oder 4er. Ob es sich dabei um einen 3/4, 5/8 oder 4/16 Takt handelt, lässt sich oftmals nur vermuten. Erst die Notation gibt eine eindeutige Antwort. Aus diesem Grund spreche ich in der musikpraktischen Arbeit mit Kindern ausschließlich von einem 3er, 5er, 7er usw. Takt, denn es geht um ein Takterlebnis, um das Spüren und Hören eines Taktschwerpunktes und damit einer Taktart.
Wie bereits oben erwähnt, gibt es auch Taktunterbetonungen, die weniger markant sind als der Taktschwerpunkt. Dieses Phänomen taucht zum ersten Mal bei einem 4er Takt auf, der mathematisch auf einen 2er Takt gekürzt werden könnte. In der Musik geht das jedoch nicht, da bei einem 4er Takt der Taktschwerpunkt auf der Eins und die Unterbetonung auf der Drei liegt. Er bekommt hierdurch eine eigene Struktur und Wirkung. Würde man ihn theoretisch kürzen, dann hätte die Drei die gleiche Betonung wie die Eins. Probiert man dieses Phänomen klatschend mit Kindern aus, entdeckt man seine Wirkung.
Wir klatschen oder sprechen:

1 – 2 – **3** – 4 – **1** – 2 – **3** – 4 – **1** – 2 – **3** – 4 …

und markieren die 3 beim Klatschen mit einem schwächeren Akzent als die **1**, dann klingt das deutlich anders als:

1 – 2 – **1** –2 – **1** – 2 – **1** – 2 – **1** – 2 – **1** – 2 …!

Das gleiche Phänomen ist auch bei einem 5er Takt zu erleben. Jedoch gäbe es hier schon zwei Möglichkeiten der Unterbetonung, entweder auf der Drei oder der Vier. Je größer die Taktarten werden, desto mehr Möglichkeiten der Unterbetonung/en gibt es. Auch im Hinblick auch auf die Vermittlung und das Verstehen verschiedener Musikkulturen ist das Empfinden von Taktarten für Kinder wichtig. Im Gegensatz zu deutschen Kindern ist z. B. den türkischen Kindern das Erleben eines 7er Taktes aufgrund ihrer Musikkultur vertrauter.
Es ist aber auch spannend, mit Kindern eine Geräuschkomposition mit zwei verschiedenen Taktarten (2er und 3er etc.) zu entwickeln, denn auch dieses Phänomen findet man in der Musik.
Im Anhang (7.4) finden Sie einige CD-Empfehlungen für das Hören von Taktarten.

Abschließend noch ein kurzes Beispiel für den Reiz von Taktarten bzw. die Möglichkeiten von Metrum-Definitionen mit dem Volkslied: „Alle meine Entchen“.

Ausgangspunkt:
Wenn wir dieses Lied singen oder sprechen stellen wir fest, dass es stärker und schwächer betonte Sprachsilben besitzt:
„**Al** – le mei – ne **Ent** – chen, **schwim** – men auf dem **See, schwim** – men auf dem **See, Köpf** – chen in das **Was** – ser, **Schwänz** – chen in die **Höh**“

Nun zum Experiment:

1. Wir definieren die Silben „Al-le mei-ne“ etc. als Metrum in *Viertelnoten* und betonen „Al-“, „Ent-“, „schwim-“ und „See“ gleich stark, dann wäre dies ein *4/4 Takt*. Der erste Takt wäre: „**Al**-le mei-ne“ (**1**-2-**3**-4)
2. Definieren wir die Sprachsilben „Al-le mei-ne“ etc. als Metrum in *Achtelnoten* und betonen wiederum „Al-“, „Ent-“, „schwim-“ und „See“ gleich stark, dann wäre es ein *2/4 Takt*. Die ersten zwei Takte wären: „**Al**-le mei-ne **Ent** – chen“ (**1**-2, **1**-2; d.h. *das Denkmuster ist*: **1** = **Al-** und die 2 = mei-, die nächste **1** = **Ent-** und die 2 = -chen)
3. Definieren wir die Sprachsilben „Al-le mei-ne“ als Metrum in Achtelnoten und betonen „Al-“ und „schwim-“ gleichstark und „Ent-“ bzw. „See“ schwächer, also als Unterbetonung, dann wäre es ebenfalls ein *4/4 Takt*. Die ersten zwei Takte wären: „**Al**-le mei-ne **Ent**-chen **schwim**-men auf dem **See**“ (**1**+2+**3**+4+**1**+2+**3**+4+)

Zwischen der ersten und der zweiten Fassung hätten wir eine unterschiedliche Notation, aber musikalisch das gleiche Ergebnis. Dies würde sich in der dritten Fassung ändern. Hier wäre das Metrum das Gleiche wie in der zweiten Fassung, das Musikerlebnis, aufgrund der Taktart, wäre jedoch deutlich anders. Spannend oder?

Metrum – Rhythmus – Takt in der musikpraktischen Arbeit mit Kindern:
Zum Klären der Binnenstruktur des Bausteins „Rhythmus“ können wir folgendes Spiel ausprobieren:
Wir singen das Lied „Alle meine Entchen“ und gehen dabei:

1. das Metrum (Viertel/Achtel)
2. den Sprachrhythmus
3. „nur“ die Taktschwerpunkte (s.o.)

So erleben und erfahren die Kinder auf eine spielerische Art und Weise alle drei Unterpunkte des Bausteins Rhythmus. In der musikpraktischen Arbeit zeigt sich, dass alle drei Bausteine der Musik: Melodie – Harmonie – Rhythmus, „gekoppelt“ und „entkoppelt“ voneinander gearbeitet werden können und sollten.

4.5 Die Gewürze der Musik

Wie bereits oben beschrieben, spreche ich bei den Parametern

Dynamik[10] (Lautstärke, z.B. piano, mezzoforte, forte)
Tempo (Geschwindigkeit, z.B. allegro, andante, moderato) und
Artikulation (legato, portato/tenuto, staccato)

von den „Gewürzen“ der Musik.
Warum „Gewürze“? Wenn man Musik hört, spielt oder ihre Notation liest, begegnet man der Melodie, dem Rhythmus und der Harmonie – den Bausteinen der Musik. Gleichzeitig erfahren diese Bausteine eine Beeinflussung durch die o.g. Parameter bzw. Gewürze. Allein durch die unterschiedliche Zusammensetzung dieser Gewürze wird eine große Wirkung erzielt, ohne dass dabei die Bausteine der Musik angegriffen werden. Wir entdecken Interpretationsideen der ausführenden Musiker, können beispielsweise über ihre Tempogestaltung oder ihren dynamischen Aufbau diskutieren und entwickeln hierdurch eigene Vorlieben. Dies vor allen

[10] Im Kapitel 7.5 finden Sie ein Glossar, in dem die wichtigsten Fachbegriffe erläutert werden.

Dingen, wenn gleiche Musikstücke mit den Gewürzen der Musik unterschiedlich gestaltet werden.

Musiziert oder singt man komponierte Musikstücke bzw. Lieder, experimentiert bzw. improvisiert man mit einem Instrument oder der Stimme, entwickelt man selbst eigene Kompositionen, dann ist das Gestalten mit Hilfe der Parameter, also das Würzen der Musik, ein wichtiger aktiver Prozess. Diese Gewürzvarianten können dabei jederzeit neu gemischt und definiert werden. Es zeigt sich, dass mit jeder neu formulierten Gewürzmischung eine neue Wirkung des Musikstückes, eine neue Dramaturgie entsteht. Genau wie beim Kochen sorgen also die Gewürze in unterschiedlicher Zusammenstellung und Dosierung für ein unterschiedliches Hörerlebnis.

In der Musikpraxis ist das Klären der einzelnen Gewürze und das Aufzeigen ihrer Wirkung für die Kinder sehr wichtig. Sind sie verschiedenen Gewürzmischungen bewusst begegnet, sollten ihre Gestaltungsideen aufgegriffen und musizierend umgesetzt werden. So entsteht für sie ein spannendes und abwechslungsreiches Musikerlebnis. Gleichzeitig sind es im Besonderen die Gewürze der Musik, die lustvolle Wiederholungen in der praktischen Arbeit mit Kindern ermöglichen (siehe Kapitel 5.2.4 „Wiederholungen vertiefen das musikalische Erleben"). Doch wir kennen alle auch die Aussage der Kinder: „Nicht schon wieder!" Diese Aussage wird häufig dadurch ausgelöst, dass die Art und Weise der Wiederholungen immer gleich bleibt bzw. die Gestaltungsunterschiede zu gering sind. So gilt es, die dynamische Spannbreite, die diversen Tempoebenen und die Artikulationsformen generell beim Musizieren und bei der Musikvermittlung extrem zu vergrößern, um hieraus Interpretationsformen entwickeln zu können (siehe Kapitel 5.1.3 „Einsatz der eigenen Stimme").

Durch die klare Unterscheidung der Bausteine und der Gewürze der Musik entwickelt sich ein greifbares, bildhaftes musikpraktisches Lernen und Hören. Die einzelnen Aspekte der Musik können präziser benannt, erkannt, vertieft, trainiert und modifiziert werden. Durch diese Form der Klarheit lassen sich immer wieder neue Wege und eigene Rezepte, individuell angepasst und modifiziert auf die jeweilige Kindergruppe, finden.

Die Vermittlung der Musikgewürze kann für die Kinder hörend, musizierend und dabei verbalisierend stattfinden, sie kann aber auch mit Hilfe des Malens aufgezeigt bzw. unterstützt werden. Interessant ist dabei, dass die Art der Maltechnik in einer engen Verbindung zu den Gewürzen steht. Für die praktische Umsetzung mit Kindern ist es hilfreich, beginnend mit dem Singen einer Melodie ihre Aufmerksamkeit für unterschiedliche „Gewürzmischungen" zu wecken. Beim Hören einer CD ist es günstig, ein Soloinstrument oder eine Solostimme zu wählen (mehr dazu im Kapitel 4.7).

4.6 Tonales Zuhause oder atonale Fremde?

Mit der Diskussion einer neuen Bildungsreform wurde der Ruf nach einem qualifizierten Musikunterricht, der neben dem eigenen Musizieren auch die Historie der Musik beinhalten sollte, deutlich artikuliert. Ebenso gibt es die Forderung, „fremden" (Musik)Kulturen offen gegenüberzustehen, sie zu akzeptieren und verstehen zu lernen. Diese Forderungen wurden auch in den neuen Bildungsplänen für den Vor- und Grundschulbereich aufgegriffen.
Unabhängig von diesen in meinen Augen richtigen Forderungen erachte auch ich die Auseinandersetzung mit der Historie der Musik als zwingend notwendig für eine qualitative musikpraktische Arbeit mit Kindern. Sie ist Voraussetzung, um den Facetten der eigenen als auch der fremden Musik begegnen zu können. Denn wie sollten wir den Kindern die Musik näherbringen, ohne ihre Hintergründe zu kennen. Wie sollten wir die Kompositionsideen von Bach, Mozart, Orff oder Kagel oder auch die der Rock- und Popmusik (die gerade mal ein halbes Jahrhundert alt ist) verstehen und ihnen aufzeigen, wenn wir sie nicht in einen Kontext setzen können. Und wie sollten die vielen musikpädagogischen Ansätze, die wir in der Musikliteratur aus der Neuen Musik kommend finden (u.a. auch Wege mit Hilfe der grafischen Notation), vermittelt werden, wenn wir nicht wissen, was die Neue Musik überhaupt bedeutet?

4.7 Notation ja/nein oder wie?

Sollten Kinder an die Notation von Musik herangeführt werden? Und wenn ja, dann wann und wie? Diese Fragen beschäftigen uns Pädagogen und Pädagoginnen immer wieder. Die Meinungen gehen dabei sehr stark auseinander, denn während die einen die Kinder sehr früh an eine Form der Notation heranführen möchten, gehen die anderen diesen Weg erst recht spät. Aber wozu dient die Notation? Aufgrund der Notation besteht die Möglichkeit, die Musik „festzuhalten“, sie nicht zu vergessen. Hierfür nutzt man die traditionelle Notationsschrift oder entwickelt eine eigene Legende, z.B. eine grafische Notation, auch in Mischform mit der traditionellen Notation. Ist diese wiederum allen Beteiligten bekannt, kann man sie auch einfach ablesen und spielen. Das bedeutet, dass wenn ein Kind eine kleine Komposition erstellt und mit der bekannten Legende aufschreibt, diese von den anderen Kindern sofort ablesend musiziert werden kann. Diese Form des „Festhaltens“ von Musik ist in der europäischen Musikkultur stark verankert. Andere Musikkulturen (u.a. in Indien oder Afrika) überliefern nach wie vor ihre ebenfalls sehr komplexe traditionelle Musik mündlich!

In meinen Augen sollten die Kinder, bevor sie an die Notation herangeführt werden, erst einmal „musikalisiert“ werden. Sie sollten zu Beginn ihrer Stimme, dem Singen und den Bausteinen der Musik mit allen Sinnen begegnen, d.h. die Musik mit ihrem Körper erleben und erfahren. Ebenfalls sollte das musikalische Gedächtnis geschult und trainiert und dieses nicht durch eine Notation „entlastet“ werden. Denn jede Form der Notation ist zwar auf der einen Seite eine bewusste Auseinandersetzung mit Musik und ihrer Architektur, es besteht jedoch die Gefahr, dass die Musik sehr „verkopft“ und denkend und nicht mehr hörend und erlebend wahrgenommen wird. Das Notieren und Lesen von Musik sollte in einem ähnlichen Verhältnis stehen wie das Erlernen der Muttersprache und des Schreibens. Dies geschieht nicht aufgrund von theoretischem Wissen, nicht aufgrund von Techniken in der Aussprache, der Lautgestaltung oder der Zungenstellung, sondern wir hören und imitieren die Sprache und werden im Sprechen und Formulieren immer selbstständiger – dies alles über einen langen Zeitraum, bevor wir sie lesen oder schreiben wollen.

Dabei ist ein erster Auslöser der Schrift häufig der eigene Name. Gleiches gilt in meinen Augen auch für die Musik. Das heißt, es gilt den Zeitpunkt für die Einführung der Notation gut zu prüfen, denn im Sinne einer oralen Musikvermittlung brauchen die Kinder zum Singen und Musizieren keine Noten. Es ist also eine persönliche musikpädagogische Entscheidung.
Entscheidet man sich, Kinder an eine Notationsform heranzuführen, kann man diesen Weg über die traditionelle Notenschrift oder über eine grafische oder freie Notationsmöglichkeit gehen. Die traditionelle Notation besteht u.a. aus den Notenlinien, den Notenschlüsseln, den Tonnamen, den Notenwerten und den Bezeichnungen zum Ausführen, also den Gewürzen der Musik wie z.B. piano (leise) oder forte (laut), aber auch Tempoangaben oder Artikulationsformen werden notiert. Für die grafische oder freie Notation gibt es keine festen Formen. Diese Art der Notation wird immer wieder neu gestaltet und mit Hilfe einer Legende, einem Regelwerk fixiert. Dieses Regelwerk wird von den Komponisten und Komponistinnen, also auch von den Kindergruppen selbst entwickelt und definiert. Dabei sind die kreativen Möglichkeiten unbegrenzt.

„Malen eines Musikstückes ohne festgelegte Legende“

Wenn Kinder ein gesungenes, ein am Instrument gespieltes oder ein von der CD gehörtes Musikstück mit ihrem Finger in die Luft oder auch mit Stiften auf Papier malen, entwickeln sie eine freie Notationsform. Sie selbst finden Lösungen und entwickeln automatisch (ohne ihr Wissen) eine Legende. Diese „unbewusste Legende“ kann man ihnen aufzeigen, wenn man ihr imaginäres oder vorhandenes Bild mit Hilfe von Fragen bespricht. Hierdurch erfahren wir, wie sie ein Musikstück hören und wie unterschiedlich Kinder das gleiche Musikstück erleben.
Doch was haben sie „notiert“?
Beim freien Malen ihrer Musik-Bilder, entscheiden sich Kinder in der Regel für eine bildhafte Darstellung oder eine Art freie Grafik mit Punkten, Linien und Strichen. Seltener entwickeln sie eine Kombination der beiden Möglichkeiten. Die bildhafte Darstellung äußert sich meist in einer Verbindung von einem emotionalen und atmosphärischen Erlebnis. Es entstehen Bilder mit Tieren, einer Sonne, einem Mond, aber auch Orte wie

Höhlen oder Unterwasserwelten. Diese werden verstärkt durch die Klangfarben, die Ruhe oder Lebendigkeit der Musik und die Art des Instrumentes oder der Instrumente ausgelöst.
Entscheiden sich die Kinder für eine grafische Darstellung, erkennt man meist die Gewürze (Tempo, Dynamik und Artikulation) der Musik in Verbindung mit Tonhöhen. Dabei äußert sich das Tempo durch ein schnelleres oder langsameres Malen, die Artikulation beim Legatospiel durch Linien, beim Spielen von Portato (getragen) durch kurze Striche und beim Staccatospiel durch Punkte – eine Ausdrucksform, die stark an der traditionellen Notation der Gewürze anknüpft. Die Dynamik wird meist durch kräftigere Farben bzw. durch ein intensiveres Auftragen der Farbe oder durch größere und kleinere ausgemalte Flächen ausgedrückt. Manchmal vermischen sich rhythmische Motive mit der Artikulationsart. Die Melodien mit ihren Tonhöhen erkennt man durch horizontale Verläufe in Verbindung mit der Artikulation. Die Klangfarben des einzelnen Instrumentes (Soloinstrument, Solostimme), später auch die der Harmonik, äußern sich meist durch die Farbwahl, die für eine „freundliche" Musik anders gewählt wird, als für eine „düstere" oder „gespenstische".

Durch das wiederholte Malen von Musik kann man erkennen, wie die Kinder ihr „Legendenrepertoire“ allmählich erweitern. Beide Übertragungsformen, abstrakt wie auch bildhaft, in der Luft oder auf dem Papier, sind adäquate Umsetzungsmöglichkeiten für eine musikpädagogische Arbeit mit Kindern. In manchen Momenten ist es beginnend nicht einfach, die Umsetzungsideen der Kinder zu verstehen. Diese sollten dann nicht einfach im Raum stehen bleiben, sondern mit ihnen besprochen werden. Nur so lernen wir, sie zu verstehen.

Ein Beispiel: Ich improvisierte eine Musik mit Legatolinien auf dem Klavier, die Kinder malten dabei ihre Bilder in die Luft. Beim Besprechen der Bilder sagte ein Kind: „Ich habe ein Feuerwehrauto gemalt.“ Das habe ich in diesem Moment nicht ganz verstanden, denn die Musik war in meinen Augen nicht aufwühlend, gefährlich oder „feurig“. Auf Nachfrage jedoch erfuhr ich, dass das Kind die gehörten Legatolinien als endlos langen Feuerwehrschlauch, der ausgerollt wurde, interpretiert hatte.

„Malen eines Musikstückes mit festgelegter Legende“

Die gesammelten Erfahrungen beim Besprechen der Bilder mit den Kindern lassen sich nun in eine Form von Legende bringen. Im Vorfeld wird mit ihnen besprochen, welche Mittel der bildhaften oder grafischen Darstellung genutzt werden. Wenn jetzt Musikstücke gemalt werden, entstehen nicht mehr völlig unterschiedliche, sondern relativ ähnliche, vergleichbare und gleichzeitig sich gegenseitig ergänzende Bilder. Diese Form präzisiert die Notation, sie wird bewusster erlebt und definiert. Hierdurch wird die Musik in Form von Tonhöhen, Gewürzen, Klangfarben und Instrumentierung auf andere Art und Weise wahrgenommen.

In beiden Fällen wurde das Musikerlebnis nach dem Gehör „notiert“. Doch wie ist es, wenn eine Notationsform gelesen und dann musiziert wird?

Würde man diesen Weg mit Hilfe der traditionellen Notationsform gehen, müsste diese in ihrer Theorie erst aufgezeigt und erfahrbar gemacht werden. Dies wäre nicht nur ein längerer Weg, sondern auch ein sehr verkopfter, der in meinen Augen selbst beim Erlernen eines Instrumentes nicht im Vordergrund stehen sollte. Mit Hilfe einer bildhaften oder grafischen Darstellung lässt sich der Weg für die Kinder adäquater gehen.

„Musizieren eines Bildes"

Nach dem Sammeln und Besprechen der grafischen oder bildhaften Ausdrücke der Kinder, kann man den Umkehrweg mit ihnen gehen. Hierfür zwei unterschiedliche Möglichkeiten:

Die Kinder entwickeln und definieren aufgrund ihres Erfahrungsschatzes eine Legende. Nach dieser malen sie alle ein eigenes Bild, sie fertigen also eine eigene Komposition an, die sie jedoch nicht einfach aus dem Kopf malen, sondern aufgrund ihrer Vorerfahrung schon innerlich hören.

Im Anschluss werden diese Ergebnisse vorgestellt und von den anderen Kindern in der Gruppe musiziert. Hierbei wird man „interpretatorische" Abweichungen feststellen (im Sinne der Definition von Tempo, Dynamik etc.).

Die zweite Möglichkeit besteht darin, Bilder aus der bildenden Kunst zu nutzen, um anhand dieser wiederum eine interpretatorische Legende zu entwickeln, damit sie anschließend gemeinsam musiziert werden können. Parallel begegnen die Kinder auf diese Weise Werken unterschiedlicher Künstler (in besonderem Maße lohnend sind u.a. Werke von Wassily Kandinsky, August Macke oder auch Vincent van Gogh).

5. Anleiterverhalten

In der musikpädagogischen Arbeit mit Kindern spielt das Anleiterverhalten eine wesentliche Rolle. Außerordentlich vielschichtig sind die koordinativen Prozesse, die beim Singen und beim Musizieren mit Körper oder Instrument stattfinden, für die es gilt, im Tun Lösungen zu finden – die parallel hörend überprüft und gegebenenfalls modifiziert werden müssen – und die gleichzeitig mit der Kontrolle der Kindergruppe einhergehen, damit die Kinder durch Fragen und Hilfestellungen gestützt werden können. All dies erfordert ein hohes Maß an Wahrnehmungsfähigkeit, Sensibilität und permanentem Reflexionsverhalten. Hinzu kommt bei einer prozessorientierten Arbeit das parallel stattfindende innerliche Klären der nächsten Schritte. Hierfür braucht es Sicherheit im eigenen musikalischen Tun und im Anleiterverhalten. Diese wächst, wenn das eigene Anleiten beständig hinterfragt, modifiziert und trainiert wird.

5.1 Prinzipien für das Anleiterverhalten

In meinen Augen ist es wichtig, sich neben den eigenen musikalischen Fähigkeiten in Praxis und Theorie mit den folgenden drei Prinzipien für das Anleiterverhalten auseinanderzusetzen:

- Dem Vorbild „ICH“
- Körperwahrnehmung und Training
- Einsatz der eigenen Stimme

5.1.1 Das Vorbild „ICH“

Wir wissen alle, wie wichtig „Vorbilder“ für die Arbeit mit Kindern sind. Treten wir mit Kindern in Kontakt, werden wir – ob wir wollen oder nicht – ein Vorbild, dem wir „gerecht“ werden sollten. Das bedeutet, dass wir nicht nur permanent an uns arbeiten müssen, sondern uns auch bezüglich unseres Auftretens, unseres sozialen und gesellschaftlichen Wertekatalo-

ges und unserer pädagogischen Wege bewusst sein sollten. Es gilt aber auch, erworbenes Wissen und Erfahrungen zu hinterfragen und gegebenenfalls zu modifizieren oder gar neu zu gestalten. Dabei ist es wichtig, sich selbst ständig zu fordern, aber in der praktischen Arbeit nicht zu überfordern. Wir können dabei nicht perfekt sein, aber gut vorbereitet und in unserer Haltung gegenüber den Kindern natürlich. Aus einer solchen im Wortsinn „selbst-bewussten" Haltung kann der Mut zum „Loslassen", ein „Sich-in-die-Sache-fallen-Lassen" wachsen. Denn nur, wenn wir uns selbst und den Kindern Vertrauen schenken, können wir gemeinsam mit den Kindern in einen Austausch, in ein Miteinander erleben, -hören und -spüren kommen. Ein Miteinander, das den Kindern Raum gibt, selbst die Prozesse mit zu gestalten – und zu lernen.
Das Vorbild „Ich" bedeutet also nicht, sich selbst ins Zentrum dieser Prozesse zu rücken – im Sinne eines lehrerzentrierten Unterrichts. Vielmehr geht es darum, mit den Kindern in einen Dialog zu kommen, sie bei sich und mit ihren Fähigkeiten „abzuholen" – fast immer können die Kinder mehr, als wir ihnen als Pädagogen und Pädagoginnen zutrauen möchten – und dem zu vertrauen, was die Kinder schon können. Anknüpfend an dieses Können lernen die Kinder, auf unsere Impulse zu reagieren und mit der Zeit zu agieren. Sie geben neue Impulse zurück und entwickeln kleine qualitative Bausteine in der Musik selbstständig weiter.
Kleinschrittigkeit und Reduktion sind die „Zauberworte", die für die prozesshafte Arbeit mit Kindern (wie auch für die persönliche Entwicklung als Anleiter/in) wichtig sind: Wiederholende Übungen, Spiele, Lieder stehen im Zentrum der musikpraktischen Arbeit. Diese sollten jedoch abwechslungsreich und lustvoll modifiziert und gestaltet werden.
Es „reicht" allerdings nicht, ein Lied z. B. nur animativ mit unterschiedlichen Stimmen zu singen, nein, das können Kinder auch von allein! Die Aufgabe von uns Pädagogen und Pädagoginnen ist in diesem Fall, ihnen ihre Stimme näherzubringen und mit ihnen die Bandbreite, Ausdrucksmöglichkeit und Funktionalität ihrer Stimme zu erarbeiten. Das bedeutet, dass eine bewusste Gestaltung (hier mit der Stimme) erfolgt, die veränderbar bleibt, aber kein „irgendwie" zulässt. Auch die Erwartungshaltung, „Hörbares" oder „Sichtbares" als repräsentativen „Output" für die Außenwelt zu erzeugen, darf unter dem Druck der Präsentation nicht in einem

„Irgendwie“ münden: Inwiefern entspricht dieser Output den Lernfortschritten der Kinder? Werden individuelle Fortschritte berücksichtigt? Ist die Form der Darstellung an den Bedürfnissen der Kinder orientiert? Werden ihre Ideen genügend berücksichtigt? Dies alles gilt es zu prüfen, zu modifizieren und dabei das Wort „Irgendwie“ auf Lebenszeit zu verbannen.

Ich möchte Sie ermutigen, die gestalterischen Ideen der Kinder aufzugreifen, immer wieder neue Variationsmöglichkeiten aufzuzeigen – und somit in eine tiefe musikalische Arbeit mit den Kindern zu kommen – die durchaus auch präsentiert werden sollte.

Weitere wichtige Trainingsfelder für uns als Vorbilder sind das sprachliche Begleiten der Übungen, das Entwickeln von stützenden Fragen für die Möglichkeit, die Kinder in ein eigenes Verbalisieren zu führen und Wertungen im Sinne von „richtig-falsch“ oder auch „gut-schlecht“ zu hinterfragen bzw. – in meinen Augen – in vielen Situationen zu meiden. Diese grundlegenden Prinzipien in der musikpädagogischen Arbeit sind gleichzeitig eine permanente Herausforderung für sich selbst und bedeuten, sich selbst, die Kinder und die Musik sehr ernst zu nehmen.

So ist das Vorbild „Ich“ kein Trainingsfeld, sondern eine Auseinandersetzung mit sich und seiner Grundhaltung.

5.1.2 Körperwahrnehmung und Training

Wenn wir Kinder beobachten, sehen wir sie immer in Bewegung. Sie lieben es zu toben, zu klettern, zu hüpfen, zu rennen und zu balancieren. Doch es gibt viele Verbote: Bitte nicht im Treppenhaus über das Geländer rutschen! Bitte den Rasen nicht betreten! Bitte nicht auf die Bäume klettern! Bitte leise gehen! Bitte nicht stören! Ja, bitte schön: die Gefahr, eine bewegungsarme Kindheit zu erleben, ist groß. Die Folge: die Körperwahrnehmung und daher auch die Sinneswahrnehmung der Kinder sind eingeschränkt, denn über den Körper erobern wir uns den Raum, unsere Umwelt. Insofern sollten wir so früh wie möglich den Kindern die Chance bieten, sich mit ihrem Körper auseinanderzusetzen, ihn bewusst zu erleben und auszutesten.

Für die pädagogischen Fachkräfte bedeutet dies die Auseinandersetzung mit dem eigenen Körper und das Erleben bzw. Erfahren von Körper, Atem und Stimme. Sei es, um den Körper zu disponieren und zu koordinieren, sei es, um die Stimme und das Hören bzw. Zuhören zu schulen oder den Körper mit allen Sinnen für eine sensible Wahrnehmung zu öffnen. Es ist von entscheidender Bedeutung, seinen Körper in seiner Aufrichtung und Haltung zu trainieren, ihn (im Hinblick auch auf Ausdauer) fit, beweglich und durchlässig zu halten und ihn für die unterschiedlichen Situationen im Sinne der Koordination beim Singen und beim instrumentalen Musizieren zu schulen. Erst wenn wir die eigene Körperwahrnehmung und -schulung *bewusst erlebt und reflektiert* haben, können wir Kindern Hilfestellungen und Rückmeldungen geben.

Welche Bereiche sollten trainiert werden?

- die Körperwahrnehmung,
- der Körper in Verbindung mit Atem und Stimme,
- die Körperkoordination,
- die Körperhaltung und Aufrichtung,
- das Gleichgewicht und die Balance,
- die Beweglichkeit und Geschmeidigkeit des Körpers,
- die körperliche Ausdauer,
- die Auseinandersetzung von Körper und Geist als Weg des bewussten Erlebens.

Übungen hierfür findet man u. a. in der Literatur der Sport- und Krankengymnastik, in der Alexandertechnik, im Feldenkrais, in der Ideokinese oder in der Franklinmethode.

5.1.3 Einsatz der eigenen Stimme

Die Möglichkeit, verbal und nonverbal zu lehren, ist für die (musik-)pädagogische Arbeit ein wichtiges methodisches und didaktisches Rüstzeug. Über das Wort und auch über den Stimmklang (das Nutzen der Stimme als Geräusch- und Klangquelle) in Verbindung mit den Möglichkeiten des stimmlichen Ausdrucks, lassen sich viele musikalische und körperwahrnehmungsorientierte Prozesse nuancenreich steuern. Nicht minder facettenreich, nein in vielen Momenten sogar stärker, ist aber auch das nonverbale Lehren. Sich das verbale und nonverbale Lehren zu erarbeiten und zu trainieren bietet die Chance, sein methodisches und didaktisches Konzept gegebenenfalls schnell zu modifizieren und eine „im Moment“ entstehende adäquate Vermittlungsform für die Kinder zu finden. Einige Beispiele für beide Vermittlungsformen findet man in der spielerischen Stimmbildung (Kaptitel 6.5.1) oder auch im Echokatalog (Kapitel 6.1), wo es um verbale und nonverbale Imitationstechnik geht.

Variabler Stimmeinsatz

In der praktischen Arbeit ist es für Anleiter/innen wichtig, die Stimme mit ihren Ausdrucksmöglichkeiten nuancenreich einzusetzen. Wir alle besitzen beim Singen und Sprechen eine gewisse Stimmbreite, die es zu vergrößern gilt. Das ist auf der einen Seite Training, auf der anderen Seite steht das Wort „Vertrauen“, denn nur durch das Vertrauen in die eigene Stimme ist es möglich, sie je nach Situation größtmöglich varianten- und facettenreich zu artikulieren. In der (musik-)praktischen Arbeit mit Kindern können wir feststellen, dass wir ihre Stimme dann verändern und vergrößern, wenn wir unsere eigene Stimme sehr deutlich gestalten und im Sinne der Übertreibung (sowohl im Lauten, im Leisen, als auch in anderen Facetten) einsetzen. Der Satz: „Wie es in den Wald schallt, schallt es zurück!“, stimmt insofern an dieser Stelle nur bedingt. Je breiter das Stimmangebot im (musik-)pädagogischen Alltag gefasst ist, desto lustvoller und abwechslungsreicher empfinden die Kinder die (Musik-)Angebote. Wann soll die Stimme klar und bestimmt klingen, wann erzählend? Wann geheimnisvoll und wann roboterhaft? Wie kann sie percussiv eingesetzt werden? Wann wird sie mit Sprache und wann als Geräusch oder Stimmklang genutzt?

Für Kinder ist es spannend, wenn beispielsweise nach einer Bodypercussion-Sequenz, in der die Stimme der anleitenden Fachkraft percussiv mit Geräuschen und Stimmklängen als stützender „Drum-Groove“ genutzt wurde, dieselbe Stimme ihnen anschließend überraschend leise oder gar flüsternd ein neues Thema eröffnet. Wird sie sprachlich/inhaltlich eingesetzt, kann sie über eine bildhafte Ausdrucksweise Vorstellungshilfen für die Kinder entwickeln, oder den Prozess, den die Kinder gerade erleben, sprachlich beschreiben und somit begleiten. Gleichzeitig entstehen durch einen variantenreichen Stimmeinsatz spannungsvolle Atmosphären im Raum. Zusätzlich hilft der Einsatz der Stimme, den eigenen Atem als auch den der Kinder nicht aufgrund der Anforderungen anzuhalten oder zu fixieren.

5.2 Anleiterverhalten in der musikpraktischen Arbeit

5.2.1 Beobachtung der Kinder

Das Beobachten der Kinder beim Singen und Musizieren ist von entscheidender Bedeutung, denn nur so können wir ihnen helfen, ihnen Lösungsmöglichkeiten aufzeigen und gleichzeitig ihre Ideen aufgreifen oder „abspeichern“, damit diese in den weiteren Unterrichtsverlauf einfließen können. Darüber hinaus sollte man durch Blickkontakte den Kindern zeigen, dass man sie wahrnimmt und schätzt. Wenn beispielsweise bei einem Handtrommelspiel die Hände und damit die Spielweisen der Kinder im Mittelpunkt der Beobachtung stehen, ist es genauso wichtig, ihre Haltung und den Bewegungsfluss zu lesen und mit ihnen in Blickkontakt zu bleiben. Damit zeigen wir ihnen eine Wertschätzung ihres Spiels und verhindern eine „strenge“ Kontrolle („Polizeiblicke“) nur der Hände.
Ferner ist es ratsam, die Blicke nicht nur kreisend nacheinander, sondern auch als Kreuzblicke zu setzen. Diese von mir bezeichnete Form meint wechselnde Blicke, die bisweilen wandern, verweilen, aber auch sehr schnell im Wechsel von rechts nach links und zurück springen können. So erfassen wir sehr schnell die ganze Gruppe, können die Kinder gut unterstützen und unsere bekannten „Pappenheimer“ haben es schwer, zu entkommen.
Mein Tipp:

- Zu Beginn einer musikalischen Arbeit mit allen Kindern einen kurzen Blickkontakt aufnehmen.
- In der Arbeit selbst immer wieder Kreuzblicke in der Form setzen, dass zwischen Blickkontakt und Beobachtung des musikalischen Handelns der Kinder eine Mixtur entsteht.

- Beim eigenen Nachdenken über die nächsten Schritte im Unterrichtskonzept, beim spontanen Modifizieren des Unterrichtsverlaufes oder beim Überlegen nach dem eventuell verloren gegangenen Liedtext sollte der Blick immer bei den Kindern bleiben. Dies stützt ihre Konzentration und lässt gleichzeitig keinen so leicht „entkommen". Der Blick hält die Gruppe!
- „Lächeln ist erlaubt!" Allzu oft führt die eigene Konzentration zu einem fixierten und dadurch „strengen Blick".

5.2.2 Prozessorientierte Musikeinheiten

In meinen Augen ist eine *prozessorientierte Arbeitsweise* eine zeitgemäße Vermittlungsform. Das bedeutet, dass man nicht die im Vorfeld überlegten Musikinhalte und methodischen Schritte in einem lehrerzentrierten Frontalunterricht durchführt, sondern diese im Dialog mit den Kindern vermittelt. Hierdurch kommt es zu einem prozessorientierten Verlauf, denn jetzt werden die Antworten im Geschehen aufgegriffen und die Fragen und Ideen der Kinder im Sinne von lohnenswerten lerntiefen „Umwegen" beantwortet bzw. weitergeführt. Gleichzeitig entstehen kleine Gesprächsrunden oder Diskussionsforen; die Kinder spüren und erleben so, dass ihre Meinung und ihre Person wertgeschätzt werden. In der Anleitung bedeutet dies ein permanentes Überprüfen und Modifizieren des gedachten Wegverlaufes, das Zulassen von „Umwegen" oder gegebenenfalls sogar das „Abweichen" zu anderen Inhalten. Wir müssen dabei lernen, Kinder zu fragen und ihnen nicht ohne bzw. mit suggerierten Fragen Antworten zu geben. Gleichwohl müssen wir offen für die Antworten der Kinder sein, denn allzu oft können wir erleben, dass wir uns bestimmte Antworten von ihnen wünschen, die unserer Meinung nach für den Fortlauf unserer praktischen Arbeit „passend" sind.

Ein Beispiel:
Die Kinder hören eine Geschichte, die sie im Anschluss daran vertonen sollen. In dieser Geschichte geht es u. a. um einen Sonnenaufgang. Im Vorfeld wurden unterschiedliche Instrumente für die Verklanglichung bereit-

gestellt. Nun werden die Kinder gefragt, welches Instrument sie für den Klang des Sonnenaufgangs wählen würden. Eines der Kinder greift zu einer Handtrommel. An dieser Stelle habe ich im Regelfall immer ein suggestiv fragendes Eingreifen der Musikfachkraft erlebt. Dieses Eingreifen führte meist dazu, dass das Kind anschließend doch lieber eine Triangel wählte. Und warum? Wurde die Handtrommelwahl des Kindes wirklich hinterfragt? Oder hatte man selbst wieder einmal eine bestimmte Antwort in seinem Hinterkopf bzw. ein „Rezept" verfolgt? Vielleicht wählte das Kind die Handtrommel aufgrund ihrer runden Form (Sonne), aber es könnte auch die Spielweise sein, die zur Wahl führte, denn die Handtrommel muss nicht zwingend angeschlagen werden. Auch Reibeklänge am Rand oder in der Mitte – heller („Sonnenstrahlen") oder dunkler („Sonne hinter Wolken") klingend – wären möglich. Zusätzlich stellt sich aber auch die Frage nach der Art des Sonnenscheins. Erscheint sie immer hell und strahlend bei blauem Himmel oder ist sie manchmal auch verdeckt und blitzt nur so eben durch die Wolken durch? All dies müsste in meinen Augen hinterfragt und mit den Kindern geklärt werden, damit sie sich die Geschichte in ihrer sprachlichen, bildhaften und emotionalen Wirkung aneignen und aufgrund dieser ihre Instrumentenwahl in Verbindung mit verschiedenen Spielweisen treffen können. Für eine solche Arbeitsweise müssen wir uns auf die Erlebniswelt der Kinder einlassen.

Über diesen Weg erlangen sie ihre Selbstständigkeit, ihr Selbstbewusstsein und entwickeln eine eigene Persönlichkeit mit einem individuellen Kunstverständnis. Fragen an die Kinder, aber vor allem Fragen von den Kindern an uns, sollten im Zentrum einer (musik-)pädagogischen Arbeit stehen. Wenn wir Kinder im pädagogischen Kontext erleben, dann hören wir oft antwortende und deutlich seltener Fragen stellende Kinder. Doch wie kommt das? Wo sind ihre Fragen geblieben? Haben es die Kinder verlernt, Fragen zu stellen? Haben wir sie in diese Richtung geprägt? Dieser Zustand ist in meinen Augen fatal, denn: Fragen entstehen aufgrund von Neugierde, Motivation, Wissens- oder Könnensdrang. So sind fragende Kinder das Wertvollste, was wir uns im pädagogischen Alltag wünschen können!

Es ist lohnend, sich im Vorfeld der musikpraktischen Arbeit einen Karteikasten zu erstellen, in dem themenbezogene offene Fragen gesammelt

werden. Dieser erweitert und modifiziert sich im Laufe der Zeit immens und hilft in der Praxis ungemein.
Was aber sind offene Fragen? Ein Beispiel:
Es ist häufig zu erleben, dass, wenn Kinder einen klingenden Stab mit einem Schlegel spielen, sie ihn so spielen, dass der Schlegelkopf nicht „wegfedert". Somit wird der Klang nicht freigegeben, er kann sich nicht frei entfalten. Der Schlegelkopf „klebt" (wie ich es gerne bezeichne) am klingenden Stab. Die Kinder hören dann oft Aussagen wie: „Das ist falsch!" oder „So klingt es aber nicht schön!" Diese eingegebenen Wertungen sind Antworten ohne Fragen! Genauso oft hört man die Aussage: „Hört mal genau hin!" oder auch (in Verbindung mit): „Klingt es so oder so schöner?" In diesem Fall werden die beiden Spieltechniken – in meiner Formulierung für die Kinder – „klebend" und „springend" zwar hinterfragt, jedoch mit einer suggestiven Fragestellung, denn welche Antwort möchte man hören? Gleichzeitig gilt es zu prüfen, ob das Wort „schöner" an dieser Stelle angebracht ist. So wäre es in meinen Augen viel wichtiger, das musikalische Phänomen – die Freigabe oder das Abdämpfen eines Klanges – zu hinterfragen, denn das „Wegspringen" oder das „Kleben" (auch von mir als „gefesselter Klang" bezeichnet) sind die dazugehörigen Spieltechniken, die gleichberechtigt erarbeitet werden sollten. Insofern wären offene Fragen: „Klingen die beiden Spielweisen gleich oder unterschiedlich?" „Was ist für *euch* bzw. für *dich* der Unterschied?" Kämen die Kinder dann z. B. auf die Tonlänge zu sprechen, könnte man in Form von Vergleichen fragen: „Klingt der längere Ton so lang wie ...?" Hierdurch würden Bezüge zu ihren eigenen Erfahrungen, zu ihrer Erlebniswelt hergestellt werden (z. B. tropfender Wasserhahn, das Ticken einer Uhr, eine Kirchturmglocke). Gleiches gilt auch für alle anderen Sinne.

> Offene Fragen sind also Fragen, die es den Kindern ermöglichen, eigene Antworten und Vergleiche zu finden, ohne Wertungen oder Suggestionen unsrerseits.

5.2.3 Zuschauer/Zuhörer etablieren

Kinder sollten in der musikpädagogischen Praxis die Möglichkeit haben, das Sich-im-tun-Befinden auch von „außen“ zu erleben, zu betrachten und zu hören, damit ein tieferes Wissen für das „Innen“ entstehen kann. Das gezielte Beobachten im Sinne einer Zuhörer- bzw. Zuschauerrolle ermöglicht eine sich gegenseitig befruchtende Wechselwirkung, denn aus Erfahrung wissen wir, dass wir uns und die Gruppe in konzentrierten Prozessen nur bedingt wahrnehmen und prüfen können. Das Hören und Sehen von außen hingegen eröffnet uns die Möglichkeit, mit Ruhe und (sprichwörtlich) Abstand die Wirkung der Musik, die Bewegungssequenz, den Instrumenten- oder Stimmklang differenziert in uns aufzunehmen. Für das gezielte und differenzierte Beobachten und Wahrnehmen benötigen die Kinder fokussierende Fragen. Der Satz „Hört bzw. schaut doch mal genau zu!“ hilft ihnen keineswegs weiter, sondern verunsichert sie nur, da er ihnen keine Orientierung bietet. Je präziser die Fragen formuliert werden, desto klarer können die Kinder die Situation verfolgen und ihre Eindrücke verbalisieren. Die gewonnenen Erkenntnisse werden von ihnen unmittelbar verarbeitet und spiegeln sich so in einem veränderten Ausdruck wider. Mit der Zeit lernen die Kinder erstens, ihre Wahrnehmung immer selbständiger zu erweitern und zu trainieren und zweitens, eigene Fragen zur Beobachtung zu formulieren.

5.2.4 Wiederholungen vertiefen das musikalische Erleben

Wiederholungen sind in der musikpädagogischen Auseinandersetzung von besonderer Relevanz. Durch sie können die Erlebnisse, die Erfahrungen, die Fähig- und Fertigkeiten beim Singen und Musizieren weiterentwickelt, vertieft und sensibilisiert werden. Ständig Neues führt weder in eine musikalische Tiefe, noch in eine sensible Auseinandersetzung mit ihr. Die Angst, dass Wiederholungen für Kinder langweilig werden könnten, ist unbegründet, denn eine fehlende Tiefe in Verbindung mit permanent Neuem ist für sie auf Dauer deutlich langweiliger, da sie keine interessanten Erfahrungen machen können, um ihre Erlebniswelt zu erweitern.

Trotzdem stellt sich die Frage: „Wie können Wiederholungen gestaltet werden?". Je größer der Handwerkskasten für modifizierte Wiederholungen ist, desto weniger kann es dazu kommen, dass Kinder sagen: „Das ist langweilig!" oder „Darauf habe ich keinen Bock!"

Tipps und Tricks für modifizierte Wiederholungen

- Kinder zu beobachten und ihre Einfälle und Meinungen so oft wie möglich aufzugreifen.
- Seine Stimme fantasiereich und variabel in der Anleitung einzusetzen.
- Kinder in die Rolle des Zuhörers oder Zuschauers zu führen, ihnen Aufmerksamkeiten für das Hören und Beobachten an die Hand zu geben und im Anschluss daran die Erlebnisse mit ihnen zu besprechen.
- Die Gewürze der Musik ständig neu zu mischen oder von den Kindern mischen zu lassen.
- Die Einführungsform von wiederholenden Musikinhalten zu variieren.
- Bei Wiederholungen von Liedern oder selbst entwickelten Musikstücken die Abläufe zu verändern, gegebenenfalls ein vorhandenes Arrangement zu modifizieren oder Introduktionen immer wieder neu zu gestalten.
- Den Kindern die Chance zu geben, selbst anzuleiten oder Aufgaben zu formulieren.
- Auf Dauer gleich bleibende Wiederholungen zu meiden.

5.2.5 Musikalische Animation oder Pädagogik?

Unter musikalischer Animation verstehe ich einen lustvollen, animierenden Einstieg für die Kinder. Es gibt hierfür viele Lieder und Kinderspiele zum Sprechen, Singen, Bewegen oder Tanzen. Meist sind sie mit einem „fertigen Rezept" (einem animierenden Ablauf) versehen und ermöglichen so einen schnellen Zugang für die Kinder. Hierdurch können erfolgreiche und positive Erstkontakte zu neuen Musik- oder Bewegungsthemen ausgelöst werden, die als Einstieg oft eine neue Wahrnehmungsebene bei den Kindern ansprechen. Diese neuen Ersteindrücke sollten jedoch im weiteren Verlauf vertieft werden. Genau an dieser Stelle beginnt für mich

der Übergang von einer musikalischen Animation in eine körper- und bewegungsorienterte Musikpädagogik, die jedes Thema aus unterschiedlichen Perspektiven und mit einer individuellen Wahrnehmungsschulung für die Kinder beleuchten sollte. Erst hierdurch kann eine sensible Wahrnehmungserweiterung im Umgang mit dem Körper, der Stimme oder beim instrumentalen Spiel erfolgen.
Ein Beispiel findet sich im Kapitel 6.5.1 „Spielerische Stimmbildung" mit dem „Kinderwaldlied" von Unmada, Manfred Kindel.

5.2.6 Klassisches oder freies Dirigat

Zum Musizieren mit Kindern braucht es nicht zwingend ein klassisches Dirigat. Es ist jedoch von großem Vorteil, sich mit einem „freien" Dirigat für das Anleiten einer musizierenden Kindergruppe auseinanderzusetzen, denn so ist es möglich,

- einen deutlichen und klaren Einsatz zu geben,
- die Kinder in der Dynamik oder im Tempo zu stützen bzw. zu steuern,
- sie in eine mit Spannung geladene Pause zu führen
- oder das Ende eines Musikstückes so anzuleiten, dass dieses als ein gemeinsames musikalisches Erlebnis erfahren wird.

Was gilt es bei einem freien Dirigat zu beachten?

- Die Impulse der Musik, also das Metrum, sollten erkennbar sein.
- Der Taktschwerpunkt sollte im Sinne einer Markierung sichtbar sein.
- Es ist günstig, wenn man wiederholende Motive und Phrasen anzeigen kann.
- Pausen bzw. Breaks und die Gewürze der Musik sollten variabel aufgegriffen und gezeigt werden können.
- Der Körper sollte eine gewisse Haltung haben, d. h. eine flexible Grundspannung und Durchlässigkeit besitzen.

6. Aus der Praxis – für die Praxis: Beispiele & Anregungen

Für das Musikmachen mit Kindern sind die fünf folgenden Stoffgebiete von besonderer Relevanz:

- Die Bausteine der Musik (Kapitel 4.4), im Besonderen der Baustein Rhythmus (Metrum, Rhythmus, Takt, siehe Kapitel 6.3)
- Körperwahrnehmung, Körperarbeit und Körperschulung (Kapitel 6.4)
- Die Stimme in ihrem ganzen Facettenreichtum (Kapitel 6.5)
- Hören (Kapitel 6.6)
- Small-Percussion (Kapitel 6.7)

Der Grundgedanke

Bei der praktischen Vermittlung dieser Stoffgebiete sollte nicht die Quantität, sondern die Qualität im Vordergrund stehen. Dabei kann man im Sinne der Reduktion sogar soweit gehen, dass alle genannten Stoffgebiete mit nur einem gesungenen Lied, dem eigenen Körper und einem Small-Percussion Instrument abgedeckt werden können. Es gibt daher in meinen Augen nicht ein Lied für eine Klanggeschichte mit Instrumenten, ein anderes für einen Tanz oder für eine Bewegungseinheit und das nächste für eine Bodypercussion-Sequenz oder eine Höraufgabe, nein, all das und noch viel mehr ist mit einem einzigen Lied möglich. Verfolgt man diesen Gedanken, dann zeigt sich, dass es eine Frage der Fokussierung ist, die diese Möglichkeiten eröffnet und damit gleichzeitig immer wieder neue *eigene* Rezepte finden lässt.
Werden hingegen nur fertige Rezepte eingesetzt (z. B. bestimmte Lieder verbunden mit einem einstudierten Tanz, einer Geschichte etc.), findet man selten neue Blickwinkel; man hält zu sehr an bekannten Formen fest.

Einige beispielhafte für die eigene Praxis zu beantwortende Fragen:

- Was verändert sich bei der Vermittlungsmethode eines Liedes, wenn der Fokus statt auf dem Erlernen des Liedtextes und der Melodie jetzt zusätzlich auf der spielerischen Stimmbildung liegt?
- Was, wenn er zusätzlich auf den Einsatz von Instrumenten, die Erarbeitung eines Tanzes, die Einbeziehung des Raumes oder des sozialen Miteinanders gelegt wird?

In diesem Teil des Buches ist es mir wichtig, aus der Praxis kommende Wege für das Musikmachen mit Kindern aufzuzeigen, die jeder für sich auf seine Lieder und Instrumente übertragen und modifizieren sollte. Das Entwickeln eigener Rezepte, auch mit Hilfe der Kinder, steht im Mittelpunkt.

Was sollte man wissen?

Bevor ich auf die einzelnen Stoffgebiete näher eingehen werde, stelle ich eine übergeordnete, sehr animierende Methode, den „Echokatalog", und den Einsatz des eigenen Körpers als Instrument, „Bodypercussion", vor.

6.1 Der Echokatalog

Der Grundgedanke

Für das sensible Abholen der Kinder zu Beginn einer Musikstunde, für das Finden eines Überganges von einem Thema in ein anderes, aber auch zum Vertiefen der erlernten Musikinhalte, ist die Methode der Imitationstechnik eine adäquate Form. Dabei wird der Körper für das Musizieren im Sinne der Disposition „geweckt" und „gestimmt", das „äußere" und „innere" Ohr auf unterschiedliche Art und Weise sensibilisiert und die Stimme über verrückte Laute bzw. inhaltsbezogene Sätze angewärmt. Die Konzentrationsebenen der Kinder werden sehr abwechslungsreich angesprochen. So ist die Imitationstechnik auf der einen Seite sehr animativ, auf der anderen Seite kann sie ebenso pädagogisch tiefgreifend sein. Sie bietet eine

abwechslungsreiche und spielerische Möglichkeit für die pädagogische Arbeit mit Gruppen.
Ich selbst verwende statt des Begriffes der Imitationstechnik mein von mir kreiertes Wort „Echokatalog". „Echo" ist hier die Methode der Imitation, der „Katalog" ist der Handwerkskasten, aus dem man sich für die jeweilige Situation das Passende heraussucht:

- Körperschulung, Körperwahrnehmung und Körperausdruck,
- Verbindung von Körper – Atem – Stimme,
- Spielerische Stimmbildung, Sprechtraining und Singen,
- Musizieren mit seinem Körper oder mit Small-Percussion,
- Trainingsmöglichkeiten für das Hören und Zuhören,
- Verbindung von Praxis und Theorie,

dies immer in Verbindung mit den „Gewürzen" der Musik (Dynamik, Tempo, Artikulation).

Was sollte man wissen?

In der Praxis mit Kindern beginnt der Echokatalog fast von allein, wenn man zu ihnen sagt: „Ich mache vor und ihr seid das Echo!", denn Kinder verbinden mit dem Wort „Echo" meist die Form der Imitation. Es ist jedoch wichtig, die folgenden vier Punkte zu beachten:

1. Das Naturphänomen „Echo" sollte den Kindern praktisch aufgezeigt und mit ihnen geklärt werden.
2. Die Arbeitsform des Echokataloges bedeutet ein Vor- und ein Nachmachen, d. h. die Kinder müssen abwarten und im Anschluss daran das Erlebte imitieren. Ein Prozess des Reagierens. Können sie jedoch aufgrund ihrer Erfahrung in einer sehr kurzen Reaktionszeit die Strukturen schnell erfassen, dann haben sie die Chance des Agierens. Diese Chance bietet sich im Besonderen, wenn sie Wiederholungen im Echo begegnen. Es gibt also ein reagierendes und ein agierendes Imitieren.
3. Der Echokatalog kann auch für ein direktes Mitmachen der Kinder verwendet werden. Über eine einfache Struktur, die von den Kindern nach einer kurzen Reaktionszeit erkannt und dann sofort agierend

imitiert wird, entsteht der Einstieg. Dabei gilt es, Wiederholungen über längere Zeitabschnitte zu formen, um sie so zu präzisieren. Sobald eine Veränderung eintritt, müssen die Kinder diese zunächst schnell reagierend erfassen und kommen anschließend wieder in ein gemeinsames Agieren.

4. Diese Methode sollte nach einiger Zeit des Erlebens von den Kindern mit Hilfe des kennengelernten Repertoires selbst durchgeführt werden.

In der Praxis ist das Wechselspiel des Reagierens und Agierens für die Kinder sehr reizvoll. Dieses Wechselspiel sollte dabei in seiner zeitlichen Länge unterschiedlich gestaltet werden und für die Kinder voller Überraschungen stecken. Hierdurch werden ihre Konzentrationsebenen immer wieder aufs Neue angesprochen und die Ermüdungserscheinungen über das Reagieren durchbrochen; sie bleiben „hellwach“ und „präsent“. Beim Agieren ist es wichtig, den Kindern nicht die Lösungen zu sagen oder sie ihnen gar theoretisch aufzuzeigen, sondern durch Wiederholungen die jeweiligen Inhalte so zu präzisieren, dass sie eigene Lösungswege finden können. Hierbei sind häufig die Reduktion des Tempos und die Klarheit der eigenen Bewegung bzw. Stimme hilfreich.

Spiele aus der Praxis

Geschichten als Auslöser für Tempo- und Bewegungsgestaltungen

Kinder können für das Erleben von Tempo-Varianten gut mit Geschichten abgeholt werden. So verführt sie ein Spaziergang quer durch den Wald, über Wiesen, Steine oder Pfützen in unterschiedliche Fortbewegungsarten und Tempoebenen; dies kann auch in der Übertragung mit Bodypercussion und Stimme stattfinden. Es ist sehr reizvoll, Geschichten mit Kindern im Vorfeld oder beim Tun frei zu improvisieren, alternativ verwendet man bekannte Geschichten wie z. B. „Heute gehen wir auf Löwenjagd“, „Pferderennen“ oder „Hey Hagenunu“ (S. 54), die sich ebenfalls variieren lassen. Besonders spannend und lustvoll ist es für Kinder, Überraschungen und kleine „Ver-rücktheiten“ einzubauen. Die ausgelösten Fortbewegungs- und Bodypercussionqualitäten sollten in der Folge vertiefend gearbeitet werden (siehe Kapitel 5.2.5 „Musikalische Animation oder Pädagogik?“).

Die Geschichte: „Hey Hagenunu“

Im Vorfeld muss der Schlachtruf „Hagenunu“ geklärt werden.
Der Häuptling ruft: „Hagenunu“, die Krieger antworten: „Hey Hagenunu“, der Häuptling ruft: „Hagenunu“, die Krieger antworten: „Hey Hagenunu“, und alle rufen: „Hagenunu yeah!“
Dies einmal in der Imitation einer „Männerstimme“, einer „Frauenstimme“ und einer „Babystimme“. Nun beginnt die Geschichte:

Die Indianer vom Stamm der Sioux	
liegen in ihrem Tipi und schlafen	*Schnarchgeräusche*
wälzen sich hin und her	*Atemgeräusche*
gähnen werden wach	*gähnen*
blicken nach rechts und nach links	*Kopf wenden und blinzeln*
kommen auf allen vieren gehend	
aus dem Tipi	*Fortbewegung*
schauen sich um	*Blick*
alles schläft, aber plötzlich	
„Die Kuh ist weg!“	
Schlachtruf Männer:	*siehe oben*
alle springen auf ihre Pferde	*auf die Knie setzen*
verabschieden sich von ihren Frauen	
Schlachtruf Frauen:	*siehe oben*
verabschieden sich von ihren Babys	
Schlachtruf Babies:	*siehe oben*
und reiten schnell los	*schnelles Patschen der Hände auf den Oberschenkeln*
über Steine	*langsames Patschen auf dem Boden*
über eine Brücke	*Patschen auf dem Brustkorb*
reiten weiter	*Patschen auf den Oberschenkeln*
den Berg hoch	*langsamer werdendes Patschen*
bleiben auf dem Gipfel stehen	
und halten Ausschau	
leiser Männerschlachtruf	*siehe oben*
reiten bergab	*schneller werdendes Patschen*
durch Berggras	*Hände reiben*

durch einen Sumpf	*weiches langsames Drücken der Hände auf die Oberschenkel mit einem stimmlichen „pffd", „pffd"*
kommen zu den Apachen	
und steigen vom Pferd	*Pause, Verharren*
schleichen leise zur Kuh	*auf allen Vieren, sehr leise + Ruf Hagemuhmuh*
Kuh antwortet	*Muhhagemuh*
binden sie los mit einem super leisen Schlachtruf	*siehe oben*

Die Kuh muht leise als Antwort Muhhagemuh, sie nehmen sie mit und reiten den Weg zurück, d.h. alle Geräusche laufen „rückwärts". Schließlich kommen sie mit einem lauten Männerschlachtruf wieder zu Hause an, begrüßen die Frauen und die Babys ebenfalls mit einem Schlachtruf (s.o.), feiern ein Fest (spontaner Indianertanz mit Stimme) und legen sich wieder schlafen oder melken die Kuh und es gibt Pudding.

6.2 Bodypercussion

Der Grundgedanke

Kinder haben großen Spaß daran, ihren Körper zu „bespielen": Sie finden heraus wie der Brustkorb, der Bauchraum, der Po klingt, wenn man darauf klopft, oder sie spielen Melodien durch die Veränderung des Mundraums, die durch das Klopfen auf der Wange rhythmisiert werden. In diesem Zusammenhang sprechen Musiker von Körperperkussion bzw. Bodypercussion. Worin liegt nun die Besonderheit und Qualität dieser koordinativen Tätigkeit?
Kinder sind schon früh in der Lage, zwischen unterschiedlichen Klängen zu unterscheiden. Ihre Lust, durch Patschen oder Klatschen Körperklänge zu erzeugen, ist groß, sie hält jedoch nicht lange, wenn der Klang in einer Beliebigkeit, einem „Irgendwie" stecken bleibt. Um Klanginteresse zu erhalten und Klangsinn zu entwickeln, ist der Reiz entscheidend, Körper-

klänge unterschiedlich zu formen und wiederholbar zu machen. So können sich aus Klatschspielen der Kinder interessante Körperklangspiele ergeben: durch das Spielen mit der flachen oder hohlen Hand, mit gespreizten oder geschlossenen Fingern oder mit den Fingerkuppen entstehen neue Spieltechniken, die das Repertoire der Kinder erweitern. Die Hand wird so zum variantenreichen Schlegel. Zudem werden unterschiedliche Stellen und Bereiche am Körper definiert und präzise benannt. Es entstehen neue Klang- und Spielqualitäten, die, kombiniert mit Dynamik, Tempo und Artikulation, zu selbst komponierten Musikstücken – gespielt auf der „Körpertrommel" oder dem „Trommelkörper" – führen. Generell findet beim Musizieren und somit auch bei der Bodypercussion immer eine Gestaltung mit den Gewürzen der Musik statt, denn jede Äußerung – auch in unserer Sprache – beinhaltet eine Mischform von Dynamik, Tempo und Artikulation. Die Frage ist, ob wir diese von Beginn an bewusst gestalten oder sie unbewusst und „irgendwie" stattfinden lassen. Dabei ist die Gestaltung von Anfang an sehr wichtig, denn nur so können auch für die Kinder klare Vorgaben erfolgen, so dass sie in die Mitgestaltung geführt werden können.
Als Liedbegleitung oder als Zwischenspiel von Strophe zu Strophe genutzt, bietet die Bodypercussion den Kindern vielfältige Ausdrucksmöglichkeiten und fordert sie in ihrer Koordination von Bewegungsabläufen, Spieltechniken und Klangplätzen immer wieder aufs Neue.

Weitere Varianten entstehen durch das Einbeziehen von Raumebenen und Material:

- Wenn die Kinder beispielsweise auf Stühlen sitzen oder im Raum stehen, können die Klänge der Füße intensiviert werden. Dabei hören und erleben sie, je nach Raum und Fußbodenbeschaffenheit, wie nackte oder präparierte Füße (Socken, unterschiedliches Schuhwerk, ein Eimer als Schuh etc.) klingen.
- Der Stuhl selbst bietet ihnen neue Musizier- und damit Klangmöglichkeiten, die sie mit Bodypercussion verbinden können.
- Der Boden hat ebenfalls unterschiedliche Klangflächen (Teppich, Holzboden, Fliesen) oder er kann als Klangfläche präpariert werden.
- Das Musizieren am Boden liegend, im Kreis sitzend oder im Raum verteilt stehend (auch erhöht), ergibt völlig neue Hörsituationen.

Was sollte man wissen?

Durch das Einbeziehen von Live-Musik (Vokal-Groove, Instrumentalspiel) oder einer Musik-CD können die Kinder nuancenreich unterstützt werden und es entsteht zusätzlich eine Klangwolke, eine Atmosphäre im Raum. Hierzu einige wichtige Anmerkungen:

- Live-Musik
  Der große Vorteil von Live-Musik ist, dass das Tempo frei variiert und so den Kindern angepasst werden kann. Zusätzlich können Phrasenlängen nonverbal unterstützt und die Mischformen der Musik-Gewürze ständig neu entwickelt bzw. variiert werden.
- Musik-CD
  Das Musizieren mit einer CD ist für Kinder oft reizvoll, denn wer wollte nicht einmal mit seiner Lieblingsband, seinem Lieblingssänger/-sängerin oder mit seinem Lieblingskomponisten/-komponistin musizieren? Wichtig ist jedoch, dass die Musikfachkraft im Vorfeld mit dem Tempo vertraut ist und sich selbst praktisch mit der Musik auseinandersetzt, um sich über Ablauf und Struktur Klarheit zu verschaffen und nicht in der anschließenden Arbeit mit den Kindern Stolpersteinen zu begegnen. So lassen sich Phrasen, Pausen und Breaks in der Musik mitgestalten.

- Taktarten
  Ob mit Live-Musik oder CD, in beiden Varianten ist es reizvoll, den verschiedenen Taktarten zu begegnen. Durch das Markieren der Taktschwerpunkte mit Hilfe von Klangimpulsen bekommen die Kinder die Chance, die unterschiedlichen Taktarten zu erfahren und zu hören; so erleben sie diese nicht „künstlich theoretisch", sondern musikalisch lebendig!
- Mischklang
  Der Reiz von Bodypercussion in Verbindung mit Musik führt natürlicherweise zu Mischklängen. Von daher ist es in der praktischen Arbeit immer wieder wichtig, dass die Kinder die Bodypercussionklänge auch „pur" erleben und hören!

Spiele aus der Praxis

Koffer packen mit Bodypercussion

In Anlehnung an das alt bekannte Kinderspiel „Ich packe meinen Koffer", in dem Gegenstände für einen Urlaub an der See, im Schnee oder auf einem Bauernhof mitgenommen werden, wobei jedes Kind die jeweiligen Gegenstände der Vorgänger wiederholt, bevor es seinen eigenen „einpackt", werden in dieser Abweichung verschiedene Spiel- und Klangvarianten mit Bodypercussion eingepackt.

Körperklänge erraten

Im Vorfeld wird eine Anzahl von Bodypercussionklängen mit den Kindern geklärt, die sich deutlich unterscheiden sollten. Jetzt hören alle Kinder mit geschlossenen Augen einen dieser Körperklänge und lösen im Anschluss daran das Rätsel, indem sie den Klang verbalisieren oder alternativ selbst zeigen.

Klang-Memory

Die von den Kindern entwickelten Klangmöglichkeiten werden mit Hilfe von Stichpunkten benannt, z. B. Oberschenkel mit hohler Hand, Kniescheibe mit flacher Hand etc. und anschließend als Bilder oder Symbole je zwei-, drei- oder auch viermal auf kleine Karten/Blätter gemalt. Im Anschluss ziehen die Kinder die gemischten Karten und stellen reihum ihre Klänge vor. Das jeweils musizierende Kind hat dabei die Augen offen, die hörenden Kinder ihre Augen geschlossen. Wenn der gespielte Klang mit dem Gezogenen als übereinstimmend empfunden wird, heißt es „Stopp". Jetzt werden die Klänge „verglichen"; dies geschieht ebenfalls mit geschlossenen Augen (mit Ausnahme des musizierenden Kindes). Alternativ kann der/die Anleiter/in alle Klänge nacheinander spielen, die Kinder hören ebenfalls mit geschlossenen Augen zu und rufen, wenn sie ihren Klang erkennen, „Stopp".

Weitere Spiele zur Bodypercussion sind im folgenden Kapitel 6.3 „Trainingsfeld: Metrum, Rhythmus, Takt" zu finden.

6.3 Trainingsfeld: Metrum, Rhythmus, Takt

Der Grundgedanke

Der Musik-Baustein Rhythmus sollte von Anfang an in die musikpädagogische Arbeit mit Kindern einfließen. In spielerischer Art und Weise steht das Erarbeiten des Metrums dabei beginnend im Mittelpunkt. Ausgehend vom Metrum lassen sich mit der Zeit rhythmische Motive und Strukturen entwickeln, aber auch das Einführen und Erleben von Taktarten geschieht auf der Basis des Metrums. Das Metrum als Puls der Musik (siehe Kapitel 4.4 „Bausteine der Musik") ist für alle Menschen im Alltag hör- und sichtbar, denn jedes Gehen, Laufen oder Rennen ist ein individuelles Metrum, das – wenn es nicht aufgrund einer Gehschwäche rhythmisiert wird – in seiner Gleichmäßigkeit erkennbar und je nach Schuhwerk klanglich hörbar ist. So wie es verschiedene Schlegel zum Anschlagen bzw. zum *Musizieren* eines Instrumentes gibt (u. a. Gummi-, Holz- oder Filzkopf-Schlegel), klingen die Schuhe aufgrund ihrer Bauweise und Materialien unterschiedlich. Über diese sehr einfache und natürliche Zugangsweise, die Fortbewegung, entsteht für Kinder sofort ein Bezug zum Metrum und zum Klang der Füße, aber auch, je nach Fokussierung, zum Klang des Raumes.

Was sollte man wissen?

Das Erleben und vor allem das beständige Halten des Metrums als Puls in der Musik ist nicht selbstverständlich gegeben, sondern muss entwickelt und trainiert werden. So ist, wie bereits oben erwähnt, das Gehen im Raum ein unmittelbarer Zugang für Kinder und es ergibt sich automatisch eine Temposteigerung vom Gehen über das Laufen hin zum Rennen oder auch umgekehrt. Diese Temposteigerung oder -reduzierung kann sehr allmählich und fließend stattfinden (in der Musik wäre das ein accellerando oder ritardando), sie kann aber auch über definierte Tempostufen erfolgen. Würde man beispielsweise das Gehen, Laufen und Rennen als jeweilige Verdopplung des Tempos festlegen, bekämen diese drei Ebenen einen klaren Bezug zueinander. Als Notenwerte in der Musik bekäme man Viertel, Achtel und Sechzehntel, wenn das Gehen als Viertelnote definiert würde.
Zu Beginn der musikpraktischen Arbeit ist es jedoch erst einmal wichtig, die Kinder über eine freie Fortbewegungsarbeit für unterschiedliche Tempoebenen zu sensibilisieren. Allmählich führt man sie dann in ein gleich bleibendes Metrum. Zum Abholen der Kinder sollte hierfür das Gehtempo nicht zu langsam gewählt werden, da sie aufgrund ihres Herzschlags, ihrer Schrittgröße sowie ihrer Schrittfrequenz einen schnelleren Puls in sich tragen. Ein zu ruhiges Tempo führt sie meist in eine Form des Ausbalancierens. Es zeigt sich häufig, dass die Kinder das Metrum eines Liedes oder Musikstückes (live gespielt oder von CD) zu Beginn nicht präzise in die Fortbewegung übertragen, aber, und das ist entscheidend, die unterschiedlichen Geschwindigkeiten adäquat erleben. Allmählich entwickelt sich ein Bewusstsein für eine präzise Tempogestaltung, sie differenzieren immer klarer die unterschiedlichen Tempi aus und erlernen diese über den Weg der Beschleunigung (accellerando) oder Verlangsamung (ritardando) zu verbinden. Mit der Zeit lassen sich die Kinder auch in definierte Tempostufen im Sinne der Verdopplung oder Halbierung (siehe oben Viertel, Achtel, Sechzehntel) führen. Diese wichtigen Arbeitsschritte, lassen sich später auch auf Bodypercussion, Small-Percussion (u.a. Claves, Cabasa, Handtrommel) oder Instrumente übertragen. Die metrische Arbeit ist also die entscheidende Basisarbeit für das Musikmachen mit Kindern, die Zeit, Geduld und Wiederholungen erfordert.

6.3.1 Alltagsspiele

Für das Entwickeln meiner didaktischen und methodischen Konzeption innerhalb der musikpraktischen Arbeit habe ich immer die Kinder bei ihren Alltagsspielen beobachtet. Hierdurch bot sich mir die Chance, die Kinder unmittelbar abzuholen, ihre Spiele aufzugreifen und diese je nach Fokussierung im Sinne der Erweiterung und Vertiefung zu modifizieren. Einige Beispiele:

Kinder-Klatsch-Spiele

Die Kinder kennen viele Sprechverse, die sie mit Patschen, Klatschen und illustrierenden Bewegungen gestalten; dies ist bereits eine Form von Bodypercussion. Es ist sehr reizvoll, die Klatsch-Patsch-Spiele der Kinder aufzugreifen, um sie mit ihnen klanglich variantenreicher zu gestalten und mit den Gewürzen der Musik auszudifferenzieren. Ein Beispiel:

Bei Müllers hat's gebrannt (volkstümlich)

Bei Müllers hat's gebrannt, brannt, brannt,
da bin ich hingerannt, rannt, rannt,
da kam ein Polizist, -zist, -zist,
der schrieb mich auf die List, List, List.
Die List, die fiel in' Dreck, Dreck, Dreck,
da war mein Name weg, weg, weg.

Wenn man die Kinder bei diesem Sprechvers-Klatschspiel beobachtet, führen sie dieses häufig wie folgt aus:

Bei,	K
Mül-	rKP
lers,	K
hat's	lKP
ge-	K
brannt, brannt, brannt	zKP
usw.	

Klatschen = K; Klatschen in die Hände des Partners = KP; rechts = r; links = l; beide Hände zusammen = z

Hierfür einige Spielvarianten:

- Der Text wird insgesamt laut gesprochen und das Klatschen ist leise oder umgekehrt.
- Die mit beiden Händen zu klatschenden Textstellen (zKP), werden leise oder laut geklatscht. Die Sprache wird wiederum entkoppelt.
- Das Klatschen ist insgesamt laut, der Text wird in Absprache mit den Kindern an einigen Stellen ebenfalls laut, an anderen Stellen leise gesprochen.
- Alternativ werden bei „brannt" die Hände 3x gerieben, bei „-zist" findet ein Wechsel von Partnerhändeklatschen und Klatschen in die eigenen Hände (zKP, K, zKP) statt und bei „weg, weg, weg" sind die beiden ersten „weg" ein rechts/links-Patschen (rB, lB) auf dem Bauch, das dritte „weg" ist wieder ein Partnerklatschen (zKP). Der Rest bleibt unverändert.
- Der Text wird wie folgt über die einzelnen Silben aufgeteilt und auf alle Verszeilen übertragen:

Bei Mül	rB, lB
lers hat's	rOS, lOS
gebrannt,	rB, lB
brannt, brannt	K, zKP

- Die Klatsch-Patsch-Impulse (rB, lB und rOS, lOS) werden ausgetauscht, d. h. das Klatschspiel „Bei Mül-„ wird jetzt mit rOS und lOS eröffnet.

Bauch = B; Oberschenkel = OS; Klatschen = K; Klatschen in die Hände des Partners = KP; rechts = r; links = l; beide Hände zusammen = z

„Gummi-Twist"

Gummi-Twist ist ein Hüpfspiel, das viele Kinder kennen. Die Ausgangssituation ist folgende: Ein durchlaufendes Gummiband wird von zwei Kindern, die sich gegenüberstehen, auf Knöchel-, Waden- bzw. Hüfthöhe in Spannung gebracht. Alternativ kann das Gummiband auch mit Hilfe von zwei Stühlen gespannt werden.
Nachdem seitens der Kinder unterschiedliche Ideen des Springens zwischen, auf oder neben das Gummiband oder auch in Verbindung mit einem Fuß auf und einem Fuß unter dem Gummiband entwickelt worden sind, beginnt nun ein Kind, eine Sprungkombination aus diesen Möglichkeiten durchzuführen. Beobachtet man die Kinder in ihrer Kombination, sieht und hört man ein metrisches oder rhythmisiertes Hüpfen. Meist haben die Sprungkombinationen eine gewisse zeitliche Länge, nach der eine strukturierte Pause erfolgt, dann geht es weiter. Diese zeitliche Länge könnte man im Sinne einer gestalteten Phrase in der Musik übersetzen. Greift man diese Spiele auf, kann man mit Hilfe der Sprungkombinationen der Kinder diese rein metrisch gestalten und zusätzlich den Kinder eine bewusst erlebte Phrasenlänge aufzeigen. Beginnt man mit der Zeit Pausen und/oder kleine rhythmische Motive einzuarbeiten, entsteht ein Übergang von einer metrischen in eine rhythmische Arbeit.
Des Weiteren können auch metrische oder rhythmische Sprechverse „verhüpft" werden oder man gestaltet das Hüpfen mit Hilfe eines gesungenen Kinderliedes, einer improvisierten Live-Musik bzw. mit Hilfe einer Musik-CD. Auch hierbei sollten die Gewürze der Musik ständig einfließen, aber auch die Hüpfarten (auf Zehenspitzen, mit flachen Fuß etc.) mit den Kindern erarbeitet werden.

„Hüppekästchen"

Hüppekästchen ist ebenfalls ein alt bekanntes Kinderspiel. Hierfür werden auf dem Boden mit Kreide zusammenhängende Kästchen aufgemalt. Oftmals haben sie die Form von einem doppelten Kreuz. Sie können aber auch beliebig variiert werden. Nun werden von den Kindern Hüpfarten (mit beiden Füßen gleichzeitig oder nacheinander, nur mit einem Fuß, mit Drehung etc.) durch das Hüppekästchen-Labyrinth entwickelt und – wie beim Gummitwist – kleine Kombinationen gebaut, die dann ebenfalls aufgegriffen werden, um sie mit den Kindern zu gestalten.

„Seilspringen" oder „Schwenkeltau"

Eine weitere Spielvariante für das metrische Arbeiten mit Kindern ist das Seilspringen. Es ist leichter, zu Beginn ein Schwungseil („Schwenkeltau") einzusetzen. Dieses wird beispielsweise an einer Sprossenwand (hüfthoch) befestigt und in ein gleichmäßiges Tempo, das mit der Zeit natürlich auch variiert werden kann, gebracht. Nun können die Kinder folgende Spiele durchführen:

- Alle Kinder laufen durch das sich in Bewegung befindende Schwenkeltau. (Es findet ein Lernen des Timings statt, denn es heißt abzuwarten und im richtigen Moment zu starten.)
- Alle Kinder beobachten das Schwenkeltau und klatschen immer wenn das Tau den Boden berührt in die Hände.
- Alle Kinder hüpfen, das Tau dabei gut beobachtend, immer kurz bevor es den Boden berührt in die Luft.
- Ein Kind hüpft im Schwenkeltau stehend. Mit der Zeit können dies auch mehrere Kinder gleichzeitig.
- Ein Kind läuft in das sich in Bewegung befindende Schwenkeltau, hüpft einige Runden und läuft wieder heraus.

Im Laufe der Zeit lernen die Kinder auch selbst mit einem Springseil zu hüpfen. Springen dabei mehrere Kinder gleichzeitig mit unterschiedlichen Tempi, dann sind mehrere Metren zu hören. Als Aufgabe können sie aber auch alle im gleichen Metrum hüpfen.

Wenn man die Kinder beim Seil- oder Schwenkeltauspringen beobachtet, sieht und hört man ein gleich bleibendes Hüpfen (Metrum), das meist mit einem ebenfalls gleichmäßigen „Wippen" nach dem Sprung begleitet wird. Lässt man den Sprung und das Wippen von den anderen Kindern mitklatschen oder klatscht es für die Kinder, erleben und hören sie eine Verdopplung des Tempos. Klatscht man nur den Sprung, ist das Tempo wieder halbiert. Man könnte an dieser Stelle auch von den Notenwerten Halbe und Viertel bzw. je nach Definition auch von Viertel und Achtel sprechen. Würde man nur das „Wippen" klatschen, bekäme man wieder ein halbiertes Tempo, jetzt jedoch mit dem musikalischen Phänomen des Off-Beats!

Weitere Varianten für das Seil- oder Schwenkeltauspringen wären:

- Das Springen findet laut oder leise statt.
- Das Sprungtempo wird beschleunigt oder verlangsamt.
- Man gibt bei der Landung seinen Namen, sein Lieblingsessen, Obstsorten, Tierarten etc. bekannt.
- Man lässt beim Wippen mit der Stimme ein Geräusch, einen Klang hörbar werden (Off-Beat).
- Man kombiniert Name und Geräusch.
- Die Lautstärken, die Artikulationsmöglichkeiten und das Tempo, also die Gewürze der Musik, werden unterschiedlich kombiniert. Hier sollten die Kinder selbst Möglichkeiten aufzeigen.

6.3.2 Verdopplung / Halbierung

„Verdopplung und Halbierung mit Hand und Fuß"

In der Ausgangssituation befinden sich die Kinder in einem Kreis und klatschen ein gleichmäßiges Metrum, zu dem sie auf der Stelle gehen. Zur Stabilisierung hören sie eine Live-Musik (Handtrommelspiel, ein Kinderlied etc.) oder eine Musik-CD. Nun findet folgender Ablauf statt:

Die Kinder

- klatschen das Metrum weiter, gehen aber nur jeden zweiten Klatschimpuls, d. h. sie halbieren das Tempo in den Füßen; es laufen zwei Tempoebenen parallel;
- passen das Klatschen an die Fußimpulse an. Sie haben das halbierte Tempo in beiden Ebenen;
- verdoppeln wieder das Tempo in den Füßen (Ausgangsmetrum), das Klatschen bleibt wie gehabt; wieder laufen zwei Tempoebenen parallel;
- passen das Klatschen an die Fußimpulse an. Sie haben das verdoppelte Tempo (Ausgangstempo) in beiden Ebenen.

Bei diesem Ablauf werden die Ebenen der Verdopplung oder Halbierung immer von den Füßen angeführt und die Hände folgen. Dies sollte auch umgekehrt stattfinden, da bei der praktischen Arbeit zu beobachten ist, dass die Kinder aufgrund eines individuellen Schwierigkeitsempfindens die eine oder andere Herangehensweise bevorzugen. Entwickelt man dieses Spiel sehr behutsam mit den Kindern und wiederholt es über einen längeren Zeitabschnitt (modifizierend mit den Gewürzen der Musik, siehe auch Kapitel 4.5), dann erlernen die Kinder auch das direkte Austauschen der beiden parallel laufenden Tempoebenen.

Verdopplung oder Halbierung in der Fortbewegung

Jedes Lied kann metrisch in unterschiedlichen Tempoebenen gegangen werden. Dabei zeigt sich immer eine Verdopplung oder Halbierung des Tempos. In der musikpraktischen Arbeit sollte dieses Phänomen beständig einfließen. Anhand des Liedes „Auf der Mauer, auf der Lauer sitzt ne kleine Wanze“, möchte ich die unterschiedliche Tempoebenen verdeutlichen. Dabei zeigen die hervorgehobenen Silben die zu gehende Schritte auf:

- „**Auf** der Mau-er, auf der Lau-er **sitzt** ne klei-ne Wan-ze“
- „**Auf** der Mau-er, **auf** der Lau-er **sitzt** ne klei-ne **Wan**-ze“
- „**Auf** der **Mau**-er, **auf** der **Lau**-er **sitzt** ne **klei**-ne **Wan-ze**“
- „**Auf der Mau-er, auf der Lau-er sitzt ne klei-ne Wan-ze**“

Im letzten Fall müssen bei den Wortsilben „Wan“ und „ze“ jeweils zwei Schritte gemacht werden.

Anmerkung:
In den ersten beiden Tempoebenen können die Kinder in die Situation des Ausbalancierens kommen. Dies sowohl wenn sie nach jedem Schritt den freien Fuß abheben als auch, wenn sie ihn zur Stabilisierung stehen lassen. So erfahren die Kinder über diese Übungen gleichzeitig eine gute Körperschulung und können, bei reduziertem Tempo, auch eine „Zeitlupenbewegung“ erleben. Für all diese Tempoebenen gilt es, abwechslungsreiche Wiederholungen zu gestalten, sei dies durch Schrittrichtungen (Vor-, Rück- oder Seitwärts), Schrittarten (stapfend, schlürfend, auf Zehenspitzen etc.) oder auch in der Verbindung mit Singen – während sie beim Stapfen gerne laut singen, singen sie im Regelfall beim Zehenspitzengang leise. Könnte man das auch umkehren?

6.3.3 Beat / Offbeat

„Beat und Off-Beat mit Hand und Fuß"

Der Beat – Off-Beat sollte als wesentliches und spannendes Phänomen in der Welt der Musik ebenfalls in die musikpraktische Arbeit einfließen. Während der Beat (Puls in der Musik) die Zählzeiten des Metrums meint, liegt der Off-Beat jeweils zwischen diesen Zählzeiten.
Ein Beispiel im Vierer:

1 (+) 2 (+) 3 (+) 4 (+) 1
usw.,

Hier würden im Beat die Zahlen, im Off-Beat die „+" geklatscht werden.

Je nach Musikstil wird der Beat jedoch mit unterschiedlichen Schwerpunkten empfunden. So liegen die Betonungen und Unterbetonungen (Taktschwerpunkte) eines 4er Taktes bei klassischen Kompositionen oder bei Pop- und Rocksongs sehr häufig auf den Zählzeiten 1 und 3, im Swing, Rock'n'Roll, Blues, Shuffle oder auch im Reggae hingegen liegen sie auf den Zählzeiten 2 und 4 (z. B. bei „Singin' in the rain" oder „Oh Champs-Elysées"). Dabei sind die Musikstile Swing, Rock'n'Roll, Blues oder Shuffle gleichzeitig in der Welt der ternären* Musik zu Hause.

Beat und Off-Beat aus der Praxis:

Bei der Übertragung auf ein Kinderlied am Beispiel „Alle meine Entchen", könnte man folgendes Muster zum Erarbeiten des Beats und Off-Beats klatschend (oder gehend) entwickeln:

*Bi- bzw. ternär bedeutet, „zwei-" bzw. „dreigeteilt" und zeigt die Unterteilung der rhythmischen Werte auf, die kleiner sind als der Beat. So ergibt sich beispielsweise das binäre Spiel in einem Viertelbeat durch die Unterteilung der Viertelnoten in zwei (bi) gleich lange und regelmäßig verlaufende Achtelnoten (Verdopplung). Bei einer ternären Musik ist die Sache komplizierter: der Viertelbeat wird hier zunächst in Dreiergruppen (Achteltriolen) unterteilt. Anschließend fügt man die beiden ersten Triolenachtel wieder zu einem Impuls zusammen und erhält dadurch eine Verlängerung im Beat, das dritte Achtel bestimmt dann allein die Länge des Off-Beats. Die Wirkung ist ein asymmetrisch zerlegter Puls, den man u. a. im Swing erlebt. Vgl. auch S. 108 „Kinderwaldlied".

Variante 1 der Beat ist betont (fett markiert)

Al-le **mei**-ne **Ent-chen schwim**-men **auf** dem **See** (**Pause**) **schwim**-men **auf** dem **See** (**Pause**) **Köpf**-chen **in** das **Was-ser Schwänz**-chen **in** die **Höh** (**Pause**).

Variante 2 der Off-Beat ist betont (fett markiert)

Al-**le** mei-**ne** Ent-(**x**)-chen-(**x**)- schwim-**men** auf **dem** See-(**x**)-(Pause-(**x**)-) schwim-**men** auf **dem** See-(**x**)-(Pause-(**x**)-) Köpf-**chen** in **das** Was-(**x**)-ser-(**x**)- Schwänz-**chen** in **die** Höh-(**x**)-(Pause-(**x**)-).

Ein weiteres Beispiel für einen Beat und Off-Beat Effekt:

Die Kinder singen das Lied „Es tanzt ein „Bi-Ba-Butzemann“ und tanzen dazu jede Silbe im Kreis gehend mit. Dabei beginnen sie gemeinsam mit dem **rechten** Fuß auf „tanzt“. Bei der Wiederholung, d. h. nach „widi (li. Fuß) -bum (re. Fuß)“, erfolgt ein Richtungswechsel. Bei der ersten Silbe „Es“ erfolgt eine kleine Pause, die man für die Drehung in die neue Richtung nutzen kann, und die Kinder starten nun mit dem freigewordenen **linken** Fuß auf „tanzt“. Binden sich die Kinder jetzt ein Glöckchen, eine Rassel oder Ähnliches um den rechten Knöchel, erklingt beginnend der *Beat* der Musik, bei der Wiederholung der *Off-Beat*.

6.3.4 Spiele mit Bodypercussion

Rhythmus-Spiel, Variante 1

Ausgehend von der Erfahrung des halbierten bzw. verdoppelten Tempos entwickelt man eine kleine Mischform wie z. B.

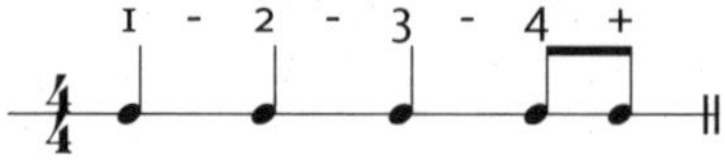

(gesprochen 1, 2, 3, 4 und). Dabei sind die Notenwerte von 1, 2 und 3 gleich, die 4+ sind zwei ebenfalls gleich lange Impulse, jedoch im Tempo zu den vorhergehenden verdoppelt. So entsteht ein kleiner Rhythmus. Dieser wird jetzt wie folgt auf den Körper übertragen: die 1, 2, 3 auf die Oberschenkel, die 4+ auf den Bauch, immer im Wechsel mit der rechten und linken Hand. So entsteht in der ersten Runde ein Re – Li – Re auf den Oberschenkeln und ein Li – Re auf dem Bauch, in der Wiederholung erfolgt ein Li – Re – Li auf dem Oberschenkel und ein Re – Li auf dem Bauch. Als Schleife gespielt, erklingt durch diese Bodypercussion-Figur wiederholend ein kleiner reizvoller Rhythmus in Verbindung mit einem Koordinationstraining. Dieser Rhythmus sollte mit Hilfe der Musikgewürze ausgestaltet werden. Hierzu einige Beispiele:

Das Tempo

- Ein langsames Einstiegstempo wird über ein accelerando bzw. ritardando variiert.
- Die Kinder geben nacheinander immer ein neues Tempo vor, sie erleben „Tempo-Sprünge".

Die Dynamik

- Der Rhythmus wird mit Hilfe der Dynamik gestaltet. Beispielsweise beginnt er leise, wird lauter (crescendo) und wieder leiser (decrescendo).
- Die Kinder verabreden „Dynamik-Sprünge" in der Art, dass z.B. die erste Runde laut, die zweite leise etc. musiziert wird.
- Es finden Akzentuierungen durch Betonungen von einzelnen Noten statt, z.B. der 2 und der 4.

Die Artikulation

- Der Rhythmus wird mit Hilfe der Artikulation modifiziert. So erhält man beispielsweise ein Legatospiel dadurch, dass 1, 2, 3 nicht gepatscht, sondern reibend auf den Oberschenkeln musiziert werden, wobei die 1 solange gestrichen wird, bis die nächste Hand mit der 2 beginnt und die 3 wiederum direkt an das Ende der 2 ansetzt. Tupft man anschließend die 4+ sehr kurz auf den Bauch, erhält man ein Staccatospiel als Gegensatz.

Über die Methode des „Echokataloges“ können noch komplexere und koordinativ anspruchsvollere Bodypercussionsequenzen entstehen, die gleichzeitig über das Zauberwort „Reduktion“ (z. B. des Tempos!) für alle Kinder lösbar erfahren werden können.

Rhythmus-Spiel, Variante 2

Ein weiterer kleiner Rhythmus entsteht ebenso schnell und einfach über das Einführen einer Pause in z. B. einem 4er Takt. In diesem Beispiel soll bei den vier Impulsen 1 – 2 – 3 – 4 die Pause auf der 3ten Zählzeit liegen, so dass es dann heißt:

1 - 2 - Pause - 4

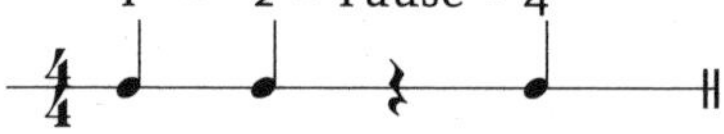

Musiziert man diese Impulse wiederum im Wechselspiel mit der rechten und linken Hand auf die Oberschenkel, findet auch hier ein Handwechsel für die 1 statt, der bei einer Betonung der 1 besonders deutlich wird. Die Gewürzzutaten können aus dem 1. Rhythmusspiel übernommen oder auch selbstständig gestaltet werden.

„Groove-Pattern“

Ein Pattern besteht aus einer rhythmischen Struktur, die unverändert in ihrer Form und zeitlichen Länge wiederholt wird. Häufig spricht man dabei von einem ein- oder zweitaktigen Pattern, d. h., die zeitliche Länge des Patterns geht über einen bzw. zwei Takte. Mit den o. a. Rhythmusspielen Variante 1 und 2 habe ich zwei eintaktige Patterns vorgestellt. Besonders reizvoll ist es jetzt, wenn sich über das eine Pattern eine zweite Stimme lagert. So können z. B. Worte (Namen, Obstsorten, Städte usw.), Sätze (Sprechverse, Liedtexte usw.) oder auch die beiden oben vorgestellten Pattern mit ihren jeweiligen Gewürzmischungen selbst in zwei Gruppen aufgeteilt übereinander gelagert werden:

a) 1 - 2 - 3 - 4 - + 1 - 2 - 3 - usw.
b) 1 - 2 - Pause 4 1 - 2 Pause usw.

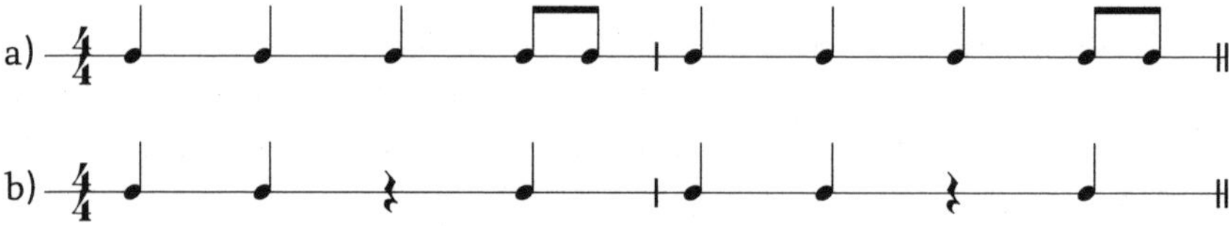

In der praktischen Umsetzung ist es dann spannend und lustvoll, überraschende Pausen (Breaks) oder gar ein Solo einzubauen oder auch eine Stimme für einen Moment „auszuschalten". Für diese Arbeit ist ein freies Dirigat (siehe Kapitel 5.2.6) zur Unterstützung der Kinder sehr hilfreich. „Groove-Patterns" können überdies als Begleitung für ein Kinderlied genutzt werden oder man verbindet sie mit Small-Percussion und anderen Instrumenten.

6.3.5 Spiele mit Small Percussion

Bewegungsinitiierung/Bewegungsbegleitung durch die Handtrommel

Ausgelöst durch den Klang einer Handtrommel sollten Bewegungserfahrungen generell, aber auch Fortbewegungsmöglichkeiten erlebt, erfahren und gesammelt werden:

- So provoziert ein gleichmäßiges Streichen über die gesamte Länge des Trommelfells bei den meisten Kindern eine Art Schlittschuhlaufen,
- das federnde Spiel führt in ein Hüpfen,
- das Spiel mit den Fingerkuppen wird in einen Zehenspitzengang und
- der klangvolle Schlag mit der flachen Hand in ein kraftvolles Auftreten mit der ganzen Fußsohle übersetzt.

Das Trommelfell wird dabei dem Fußboden, die musizierende Hand dem Fuß gleichgeschaltet. Die im Moment erfundenen Bewegungen der Kinder sind verblüffend ähnlich zu der Spielbewegung auf dem Instrument. Sie entdecken sofort den Zusammenhang zwischen Klang, Spielbewegung und Fortbewegung. Daraus lassen sich auch mit Hilfe der Kinder neue Spielvarianten entwickeln, die nicht ausschließlich die reine Fortbewegung, sondern auch eine freie Körperbewegung am Platz berücksichtigen. Neben dieser Art der Bewegungsinitiierung durch die Handtrommel gibt es auch die Möglichkeit der Bewegungsbegleitung, d. h. hier steuert die Bewegungsartikulation und Bewegungsdynamik das Handtrommelspiel und zeigt, in welcher Spielart, man könnte fast sagen, mit welcher Spieltechnik ein Klang erzeugt werden soll. So beeinflussen sich das Musizieren und die Bewegung im Raum wechselseitig: die Trommel führt und die Füße folgen oder umgekehrt. Diese Form der

Auseinandersetzung von Bewegungsqualitäten und dem Klang eines Instrumentes im Wechselspiel kann sehr gut in die metrische und rhythmische Arbeit einfließen.

Metrische Spiele mit der Handtrommel

Die Kinder gehen nach dem Klang einer Handtrommel metrisch durch den Raum und werden aufgrund des Klanges zu unterschiedlichen Geh- und Laufarten provoziert, z. B.:

- durch das Spiel mit zwei oder vier Fingern
- durch das Spiel mit der ganzen Hand (flach oder gewölbt)
- oder nur durch das Reiben der Hände ohne Handtrommel

Ein Kind schlägt eine Fortbewegungsart vor, die von allen anderen Kindern imitiert wird. Diese Fortbewegungsart wird im Instrumentalspiel aufgegriffen.

Rhythmische Spiele mit der Handtrommel

Die Kinder nehmen die Rhythmen in der Fortbewegung oder/und beim Klatschen auf. Dabei können auch die Rhythmusworte „Löwe-Bär" (siehe Kapitel 6.3.9 „Rhythmussprachen oder Bär-Löwe") einfließen.

- Klingt die Musik leise, gehen sie den Rhythmus, klingt die Musik laut, dann klatschen sie ihn.
- Die Kinder werden in zwei Gruppen eingeteilt und gehen einen Rhythmus durch den Raum. Erklingt er laut, dann klatscht Gruppe A, klingt er leise, dann ist Gruppe B an der Reihe. Als Variante kann man eine mittlere Lautstärke hinzufügen, bei der beide Gruppen nur gehen.
- Die Kinder werden in zwei Gruppen eingeteilt und hören einen Rhythmus. Erklingt er laut, dann geht Gruppe A durch den Raum, klingt er leise, ist Gruppe B unterwegs.
- Ein Kind zeigt ein rhythmisches Motiv auf, das von den anderen Kindern und der Musikfachkraft beim Instrumentalspiel übernommen wird.

Stopp and Go

Als Vorerfahrung sollten die Kinder die Gelegenheit bekommen, zur Handtrommel zu gehen. Eine überraschende Spielpause führt sie automatisch in ein Innehalten – einen Stopp, ohne dass dies vorher als Aufgabe für sie formuliert wurde. Daraus lässt sich eine generelle Spielregel verabreden, die u.a. folgende Spielvarianten zulässt:

- Die Kinder werden ebenfalls in ein Stopp (Anhalten), jedoch in einen mit Spannung gehaltenen Freeze (Einfrieren, Versteinern) geführt.
- Die Kinder bekommen die Aufgabe, sich beim Stopp mit drei Ellenbogen, vier Knien, sieben Händen, fünf Zehenspitzen, zwei Nasenspitzen etc. zu berühren
- Der Stopp des Handtrommelspiels wird zur Ausführung von Aktionen wie z.B. zu dem Spiel „Feuer, Wasser, Blitz" genutzt.
- Die Kinder erhalten die Aufgabe, sich beim Stopp zu einer definierten Anzahl (zu zweit, dritt, viert, fünft, alle) zusammenzutun, um mit einer abgesprochenen Anzahl von benannten Körperteilen den Boden zu berühren, z.B.:
  - es gehen drei Kinder zusammen, die insgesamt mit drei Füßen, einer Hand und einer Nasenspitze den Boden berühren,
  - es gehen zwei Kinder zusammen, die insgesamt mit einem Fuß, einem Knie und einer Hand den Boden berühren,
  - es gehen vier Kinder zusammen, die insgesamt mit zwei Knien, zwei Händen und zwei Füßen den Boden berühren.

Reaktionsspiele zum Klang

Einmal sagte ein Kind: „Wenn du leise mit den Fingerknöcheln auf dem Rand der Handtrommel klopfst, können wir doch rückwärts gehen, oder?"

Es können also Verabredungen über den Klang stattfinden, die die Fortbewegungsrichtung, Fortbewegungsart oder einen Treffpunkt bestimmen, z.B.:

- Ein lautes Spiel bedeutet, alle Kinder treffen sich bei einem verabredeten Punkt (Aquarium, Fensterfront, Tafel etc.), ein leises Spiel führt zu einem gleichmäßigen Anschleichen.
- Ein lautes Spiel bedeutet, es gehen immer zwei Kinder nebeneinander metrisch stapfend durch den Raum, beim leisen Spiel gehen sie allein und/oder rückwärts.
- Bei zwei verschiedenen Klängen wird festgelegt, zu dem einen im Kreis zu gehen, zu dem anderen „durcheinander".

- Bei zwei verschiedenen Klängen wird festgelegt, zu dem einen leise klatschend durch den Raum zu gehen, zu dem anderen einen Partner zu suchen, mit dem sie sich gegenseitig rechts/links metrisch in die Hände klatschen

Die Kinder entwickeln selbstständig neue Spielideen und Fortbewegungsarten.

Varianten durch das Wechseln der Instrumente oder das Einbeziehen der Stimme

Die Erfahrungen des o.a. Handtrommelspiels lassen sich auch auf andere Instrumente übertragen. Dabei kann man erleben, dass der Klang und die Spielart eines anderen Instrumentes unmittelbar neue Bewegungs- und Fortbewegungsqualitäten bei den Kindern auslöst, z.B. löst:

- der Klang einer Guiro eine Gelenkarbeit in Verbindung einer durch den Körper gehenden Wanderbewegung aus,
- der einer Ice-Bell (oder einer Triangel) mit ihrem langanhaltenden klingenden Ton eine fließende, geführte Bewegung und
- der Klang der Claves eine gestoppte, kantige Bewegung (für Kinder häufig das Bild eines Roboters) aus.

Ähnliche Phänomene entstehen, wenn sich die Kinder zu dem Klang eines Streich-, Blas-, Zupfinstrumentes oder zu einem Klavierklang bewegen. Insofern gibt es nicht ein „passendes“ Instrument für die Bewegungsbegleitung oder Bewegungsinitiierung, sondern, und das ist das Reizvolle, jedes Instrument löst neue Bewegungsqualitäten und Bewegungsnuancen aus. Dies betrifft auch unser unmittelbarstes Instrument, die Stimme (siehe Kapitel 5.1.3 „Einsatz der eigenen Stimme“).

6.3.6 Universalspiele

„Klatsch-Uhr“ oder „Das Klatsch(-Tauch)-Spiel“

Die Klatschimpulse der im Kreis stehenden Kinder erklingen ebenso wandernd nacheinander wie die Impulse des tickenden und wandernden Sekundenzeigers; dies sowohl mit als auch gegen den Uhrzeigersinn. Das Ergebnis ist ein durchgehendes Metrum.

Zum Kennlernen dieses Spiels ist es für die Kinder hilfreich, eine mit

einem Sekundenzeiger bestückte größere Uhr zu beobachten, um dessen Wandern auf ein ebenfalls wanderndes Klatschen übertragen zu können. Jetzt ist es wichtig, die Uhr zunächst beiseite zu legen, damit sich die Kinder metrisch frei auf die Koordination des Nacheinanders konzentrieren können. Ist das Prinzip verstanden, sollten die Kinder in einer Folgestunde wiederum anhand der Uhr das Wesen des Sekundenzeigers herausfinden können. Diese beobachtete Gleichmäßigkeit wird nun in einem deutlich langsameren Tempo, unterstützt durch die bewusst monotone Stimme des Anleiters/der Anleiterin, aufgenommen.
Auch wenn die Kinder „nur einen" Klatschimpuls pro Kreiswanderung haben, ist es sehr wichtig, dass sie das Metrum während der gesamten Zeit innerlich empfinden, da sie durch ein „Abwarten" in die Situation des Reagierens kommen und im Regelfall zu früh oder zu spät klatschen würden. Das innere Metrum hilft ihnen zu agieren, sie erleben in sich den Puls und können hierdurch ein gleichmäßiges Klatschen erreichen. Neben der Unterstützung durch die Stimme (auch in Form eines Vocal-Grooves), kann das Tempo zu Beginn ebenfalls mit Hilfe einer Musik-CD oder einer Live-Musik stabilisiert werden.

Variationen:
Jede der folgenden Variationen sollte, bevor sie in eine metrisch gebundene Form mit Unterstützungshilfe von außen geführt wird, im Sinne des Kennenlernens zunächst metrisch frei erarbeitet werden.

- Der Klatschimpuls wird zum rechten oder linken Partner mit Blickkontakt und Klatschzuwendung weitergegeben. Dies ermöglicht einen Richtungswechsel ohne Unterbrechung im Spielverlauf, denn der Blick und die Klatschzuwendung zeigen die jeweilige Richtung an. Als einführende Spielregel ist es gut, nur eine bzw. zwei Richtungsänderung/en pro Kreisrunde zuzulassen.
- Die Klatschimpulse werden allmählich lauter bzw. leiser.
- Die Klatschimpulse werden im Wechsel von laut und leise weitergegeben. Würde man beispielsweise die Impulse mit laut-leise-leise weitergeben, würde das Phänomen eines 3er Taktes entstehen!
- Parallel zum Klatschimpuls wird der eigene Namen mitgesprochen. Dies kann ebenfalls mit einem Richtungswechsel stattfinden.

- Die Klatschimpulse werden reibend, nur mit zwei Fingern klatschend etc. weitergegeben. (Der klangliche, wie auch dynamische Verlauf bekommen eine besondere Aufmerksamkeit.)
- Nur jeder zweite Impuls wird geklatscht. Hierdurch wird der Anteil des inneren Hörens erhöht und man bekommt eine Tempohalbierung als Ergebnis. Wechselt man nach jeweils zwei oder drei Runden zwischen dem Klatschen aller Impulse und dem jedes zweiten, würde ein metrisches Arbeiten im Sinne von Verdopplung oder Halbierung des Tempos stattfinden. (Interessant ist es hier auch, im Wechsel mit einer geraden und einer ungeraden Anzahl von Kindern zu arbeiten.)
- Statt einen Klatschimpuls zu schicken, „taucht" man im Metrum bleibend nach unten, man duckt sich und lässt den Impuls vorbeifliegen. Hierdurch entsteht eine Pause, die sich, falls mehrere Kinder hintereinander wegtauchen, verlängert.
- Wenn „getaucht" wird, fängt der nächste Partner den Impuls auf, d.h. es entsteht keine Pause mehr. Diese Variante sollte sehr behutsam und in einem sehr langsamen Tempo eingeführt werden. Der Weg über das freie metrische Arbeiten ist bedeutend länger.

„Inneres Timing" oder „Inneres und äußeres Metrum"

Die Kinder klatschen ein gleich bleibendes Metrum. Nach einiger Zeit gibt es ein Zeichen (z.B. Zeigefinger auf den Mund) und das Klatschen wird beendet, wobei das innere Metrum jedoch beständig weiterläuft, das innere Timing trainiert wird. Wird das Zeichen aufgehoben (der Zeigefinger vom

> Dies Spiel sollte nicht zu früh und nicht zu lange am Stück gespielt werden. Es gilt die Regel: kurz und oft. Jedoch spüren und erleben die Kinder hierdurch ein inneres und äußeres Metrum, ein entscheidendes Phänomen in der musikpädagogischen Arbeit. Das gleiche Phänomen ist auch zu erleben, wenn man sich Musikstücke aus dem Bereich der Popmusik im Vergleich zur Klassik anhört. Während das Metrum bei der Popmusik im Regelfall z.B. durch den Schlagzeug-Groove gut äußerlich hörbar ist, ist es in klassischen Stücken meist „innerlich verborgen", man spürt es jedoch sofort und kann es mitklatschen.

Mund genommen), klatschen alle Kinder weiter. Dieser Wiedereinstieg ist in der Regel mit Temposchwankungen verbunden, da das innere Timing schneller oder langsamer wurde. Eine musikalische Stütze von außen (s.o.) ist auch bei diesem Spiel sehr hilfreich. So kann zu Beginn ein gemeinsames Kinderlied gesungen werden, das man mitklatscht. Hört das äußere Singen und Klatschen auf, wird innerlich weiter gesungen und geklatscht. Zur Unterstützung kann die Erzieherin das Lied sehr leise weiter klingen lassen.

Im weiteren Verlauf kann das Spiel wie folgt modifiziert werden:

- Die Kinder klatschen 4 (später 6 oder 8) Impulse laut und die nächsten 4 (6, 8) Impulse in sich.
- Die Kinder schließen dabei die Augen.

6.3.7 Lieder und Sprechverse

„Accelerando und Ritardando mit Hand und Fuß"

Die Kinder singen ein Kinderlied (z.B. „Auf der Mauer, auf der Lauer sitzt ne kleine Wanze") und klatschen (gehen) dazu mit. Im zweiten Durchlauf wird das Tempo *allmählich* erhöht (accelerando). Die erreichte Geschwindigkeit wird schließlich in einem dritten Durchlauf beibehalten, um sie dann im vierten Durchlauf *allmählich* wieder auf das Ausgangstempo zu reduzieren (ritardando). Dieses Spiel lässt sich ebenfalls gut mit der CD von Djingalla, Titel „Dampflok 789" entwickeln, denn hier wird das Musikphänomen accelerando und ritardando sehr deutlich aufgegriffen.

„Stabiles Tempo über den Rückwärtsgang"

Bekanntermaßen sind Rückwärtsgangarten (psychomotorische Erziehung) für Kinder sehr wichtig. Diese sollten auch im Sinne von metrischem Rückwärtsgehen immer wieder trainiert werden. Beim Musizieren mit (Kinder-)Gruppen gibt es u.a. auch auf Grund der Gruppendynamik häufig das Phänomen der Beschleunigung – sei dies beim Klatschen, beim Spielen von Instrumenten oder auch beim Singen. Um das Tempo konstant und stabil zu halten, hilft häufig ein Trick: der Rückwärtsgang, denn in dieser Gangart wird selten beschleunigt. Dieses Erlebnis kann später in der inneren Vorstellung reproduziert werden.

Lieder oder Sprechverse gehen

Die Kinder singen ein bekanntes Kinderlied. Nun wird die Gruppe halbiert. Während Gruppe A weiterhin singt, klatscht Gruppe B das Metrum und umgekehrt. Im Anschluss daran klatschen alle Kinder das Metrum und singen dazu das Lied. Jetzt übertragen sie das Klatschen in die Fortbewegung und gehen das Metrum beim Singen durch den Raum. Das gleiche Spiel kann auch mit einem Sprechvers gestaltet werden.

Im Beat eines Sprechverses

„Und 1, und 2, und 3, und 4, und 5, und 6, und 7, und 8, und 9, und 10,
ein Hut, ein Stock, ein Regenschirm und
vorwärts, rückwärts, seitwärts, ran,
und Hacke, Spitze, hoch das Bein"

Viele Kinder kennen diesen Sprechvers, zu dem sie sich bis zu dem Wort „und" nach „Regenschirm" metrisch vorwärts bewegen, um dann mit dem freigewordenen Spielbein die entsprechenden Richtungen zu tippen, die dann folgenden Bewegungen auszuführen und wieder von vorn zu starten.

Sprachlich besteht die erste Zeile dieses Sprechverses bis zur Zahl 10 aus einem sich wiederholenden rhythmischen Motiv („und 1"). Dieses Motiv wird auftaktig mit einem „und" als Achtel eröffnet, gefolgt von einer Zahl (1–10) als Viertel und einer Achtelpause.

Neben der Chance, die Kinder wieder einmal in ihrem eigenen Spiel abholen zu können, kann man hier interessanterweise drei wichtige Phänomene einer körperorientierten Musikpädagogik erleben:

1. Die Kinder gehen trotz eines rhythmisierten Verses metrisch!
2. Mit Hilfe des Wortes „und" geben sie sich einen gemeinsamen Einsatz für den Start bzw. die folgenden Impulse!

3. Sie spielen mit der Unterschiedlichkeit von Fortbewegung und auszuführender Bewegung auf der Stelle, d.h. sie trainieren so einen wichtigen Übergang innerhalb der Bewegungsschulung!

In einer vertiefenden Arbeit ist es jetzt interessant und spannend, mit den Kindern das rhythmische Motiv zu arbeiten. Geht man nun alle Silben des Sprechverses, bekommt man beginnend eine Art „Hinkebein", anschließend führen die Worte in ein Metrum von Viertelnoten und ab der Textstelle „vorwärts, rückwärts, seitwärts ..." erhalten wir eine Verdopplung des Metrums, also Achtelnoten.
Ein wunderbarer Sprechvers für das Aufzeigen von Rhythmus, beziehungsweise eines rhythmischen Motives, eines Metrums und dessen Verdopplung.

„Lieder oder Sprechverse gehen oder klatschen"
Die Kinder singen das Lied „Alle Vögel sind schon da" und klatschen dieses mit. Wenn man sie dabei beobachtet, hört man häufig folgendes Klatschmuster:

„**Al**-le **Vö**-gel **sind** schon **da, al**-le **Vö**-gel **al-le!**
Welch ein Sin-gen Mu-si-zier-n, Pfei-fen, Zwit-schern, Ti-ri-lier-n
Früh-ling will nun ein-mar-**schier'**-n, **kommt** mit **Sang** und **Schal-le"**
alternativ auch:
„**Früh-ling will nun ein-mar-schier'**-n,**kommt mit Sang und Schal-le"**

(Die Markierungen zeigen die Klatschimpulse der Kinder)

Spannend ist es zu erleben, dass sie das metrische Klatschempfinden variieren, d.h. sie verdoppeln das Tempo (Vergleich „Alle Vögel ..." und „Welch ein Singen ...") und sind in der letzten Zeile oftmals verführt, die rhythmischen Motive wie „Frühling will" etc. aufzugreifen.
Da die Kinder diese alte Volksweise sehr lieben, kann man sie sehr gut damit abholen und wie folgt in die Musikphänomene Verdopplung und Halbierung oder auch Metrum und Rhythmus führen:

- Singen und klatschen die Kinder das Lied im langsamen Tempo, stellen sie fest, dass nicht alle Silben geklatscht werden.
- Klatschen die Kinder nun mit Hilfe der Erzieherin langsam das gesamte Lied im Metrum der ersten Zeile, stellen sie fest, dass jeder Klatschimpuls auch eine Silbe besitzt.
- Wird das gesamte Lied nun langsam im Metrum der zweiten Zeile geklatscht, erleben die Kinder, dass es auch zwischen den Silben Klatschimpulse gibt.
- Nun klatschen die Kinder den Silbenrhythmus des Liedes
  - den Text sprechend
  - das Lied singend

Hierdurch erkennen sie, dass es einen „reinen" Sprachrhythmus, aber auch einen Melodierhythmus gibt, an den die Sprache angepasst wurde (eine Form der Entfremdung). Diese *Sprachrhythmus-Entfremdung* entsteht auch, wenn man im Sinne des Liedes mit den Silbennamen der Kinder arbeitet, sie hierfür sozusagen „passend" macht.

6.3.8 Taktarten begegnen

Der Grundgedanke

Neben der metrischen und rhythmischen Arbeit sollten die Kinder auch den Taktarten im praktischen Kontext, d.h. im eigenen Empfinden und Erleben und nicht in einer mathematisch theoretischen Erklärung begegnen. Das sensible Hören und das bewusste Singen und Musizieren von Phrasen und Taktschwerpunkten sollte hierfür wiederholend trainiert werden. Gleichzeitig können diese Phrasen in die Bewegung übertragen werden, sei dies durch ein Dirigieren, das Malen eines Bildes oder durch das Gestalten eines Tanzes.

Was sollte man wissen?

Viele deutsche Kinderlieder und Volksweisen sind in einem 2/4, 3/4 oder 4/4 Takt komponiert, ein 6/8 Takt kommt im Verhältnis seltener vor und ein 5/4, 9/8 oder 7/4 Takt äußerst selten. – Das ist in anderen Ländern und deren Kulturen, wie beispielsweise in Ungarn, Rumänien oder der Türkei

deutlich anders. Von daher ist eine Beschäftigung mit der Musik dieser Kulturen sehr reizvoll.
Die Taktarten selbst werden durch betonte und unbetonte Zeiten (siehe auch Kapitel 4.4 „Bausteine der Musik“) gestaltet. Aufgrund ihrer unterschiedlichen Betonungsstrukturen erleben wir beim Hören und Musizieren einen besonderen Reiz. Würde man beispielsweise die gleiche melodische Phrase über verschiedene Taktarten legen, wäre die Wirkung der Taktarten durch ihre individuellen Betonungen deutlich spürbar. Ein Beispiel: Wie würde das Lied „Auf der Mauer, auf der Lauer“ gesungen in einem 3/4 Takt klingen?
In der musikpraktischen Arbeit mit Kindern ist es wichtig, sie über den Weg der metrischen und rhythmischen Arbeit auf die Begegnung von Taktarten vorzubereiten. Daher sollten die folgenden Spiele erst durchgeführt werden, wenn sie den Liedern oder auch CDs metrisch/rhythmisch begegnet sind.

Spiele aus der Praxis

„Takt-Dirigieren“

Die Kinder singen ein Lied (hören eine CD) und gehen dazu im Metrum durch den Raum. Dabei „dirigieren“ sie die Musik, meist ebenfalls, metrisch mit. Dieses Dirigat zeichnet sich oftmals durch eine deutlich vergrößerte und auch akzentuiertere Bewegung – im Sinne von Bewegungsakzenten – bei den Taktschwerpunkten aus.

„Takt-Gesten“

Die Erfahrung des Takt-Dirigierens können die Kinder auch auf Alltagsgesten übertragen (Abstreifen eines imaginären Fussels an der Hose oder am Pulli, Massieren seiner Wange oder Kämmen seiner Haare).

„Takt-Tanzen“

Viele Kindertänze sind auf der metrischen Struktur des Stückes aufgebaut. Sie werden zum Teil mit kleinen rhythmischen Motiven kombiniert. Die Takte werden eher unbewusst durch die Phrasenlänge erfahren. Das bedeutet, dass häufig ein Richtungswechsel nach vier oder acht Takten stattfindet. Das „reine" Gehen oder Tanzen nur auf der 1 eines Taktes und/oder seinen Unterbetonungen findet seltener statt, ist aber in seiner Reduktion sehr reizvoll. Die Kinder kommen in den Genuss schöner Bewegungserfahrungen, wenn sie beispielsweise zu Beginn diese Betonungen/Unterbetonungen nutzen, um durch den Raum zu gehen, zu „schweben" oder zu balancieren. Bei der Entwicklung eines Tanzes ist es sehr reizvoll, auch diese Bewegungen, die nicht das Metrum oder den Rhythmus berücksichtigen, einfließen zu lassen.

„Tänze mit Hilfe von Metrum, Rhythmus und Takt erfinden"

Über die Erfahrungen aus einer metrischen und rhythmischen Arbeit in Verbindung mit dem Empfinden von Taktarten (z.B. über das Takt-Tanzen), erhalten die Kinder die Chance, eigene Tänze zu entwickeln. Hierzu können sie sowohl die ihnen bekannten CDs als auch ihre Kinderlieder verwenden. Die Tanzstruktur selbst entwickelt sich dann durch folgende Fragen:

- An welcher Stelle der Musik soll ein metrisches Gehen stattfinden?
- Wo soll der Rhythmus der Musik in der Umsetzung aufgegriffen werden?
- Gibt es eine Stelle, wo nur der Taktschwerpunkt berücksichtigt wird?
- Wann findet ein eventueller Richtungswechsel statt?

Zusätzlich können Materialien wie Tücher, Stäbe etc. eingesetzt werden. Durch diese praktischen Erfahrungen entwickelt sich bei den Kindern ein grundlegendes Verständnis für den Baustein „Rhythmus".

6.3.9 Rhythmussprachen oder Bär – Löwe

Der Grundgedanke

Rhythmus- oder Trommelsprachen (u.a. lateinamerikanische, afrikanische oder indische) gibt es in einer Vielzahl auf der ganzen Welt. Sie sind in allen großen Trommelkulturen die Basis für das Verstehen und das Erlernen der Rhythmen und dienen der Kommunikation der Musiker untereinander. Jedoch haben die Menschen all dieser Kulturen nicht den „Rhythmus im Blut" – er ist nicht angeboren, sondern muss erlebt, gespürt (dies findet bei den großen Trommelkulturen schon vor der Geburt im Bauch der Mutter statt), selbst umgesetzt und trainiert werden. Im Gegensatz zu unserer Kultur begegnen die Kinder in den Trommelkulturen dem Rhythmus in Klang und Sprache (meist in Verbindung mit Gesang) unmittelbarer und von daher natürlicher und selbstverständlicher!

Trotz detailreicher Unterschiede gibt es jedoch in der Welt der Trommel- bzw. Rhythmussprachen ein Grundprinzip: Der Rhythmus wird mit Hilfe von Sprechsilben, die in einer langjährigen Tradition adäquat zu den Trommelsounds und Rhythmen vokalisiert und definiert wurden, zum Metrum gesprochen. In Südindien kennen beispielsweise alle Perkussionisten, Musiker und Tänzer die Rhythmussprache *Konnakol* und können über diese kommunizieren; ein enorm großer Vorteil im Verständnis, der Umsetzung oder gar der Entwicklung komplexer Rhythmen. So hat nicht nur jede Sprache ihren eigenen Sprachrhythmus, sondern auch die Musik ist eine rhythmische Klangsprache.

Was sollte man wissen?

In der musikpraktischen Arbeit mit Kindern empfehle ich das Übernehmen oder Entwickeln einer Rhythmussprache, die den Rhythmus deutlich klarer darstellt und musikalisiert. Wird er nur zählend eingeführt, wird die Musik zwar strukturiert erlebt, gleichzeitig aber auch oft mechanisiert empfunden. Mit Hilfe einer Rhythmussprache, kann man den Rhythmus hingegen äußerlich (als auch innerlich) „mitsingen". Gerade das innere Erleben von Rhythmen ist für das generelle Musizieren von entscheidender Bedeutung.

Ein kurzes Beispiel soll den Unterschied eines abstrakt gezählten Rhythmus zu einem mit Worten gesprochenen verdeutlichen. Während die mechanisch gezählte Methode in einer vertikalen Richtung verläuft, erlebt man mit der Rhythmussprache eine musikalisierte horizontale Ebene.

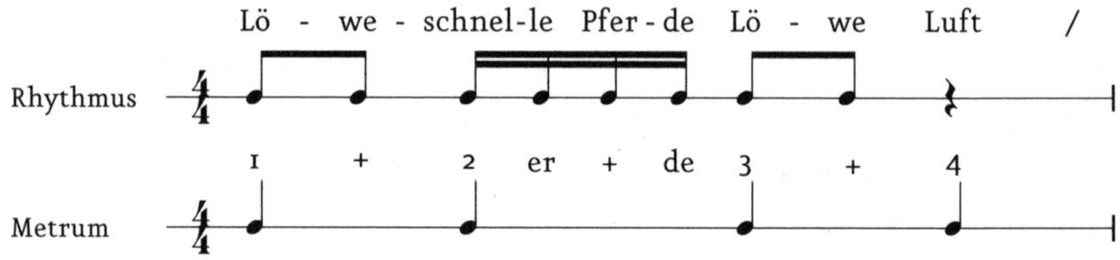

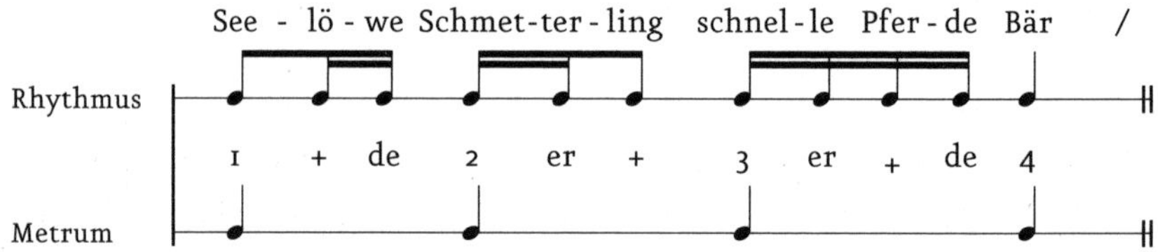

Bei der Entwicklung einer Trommel- bzw. Rhythmussprache kann die Stimme im Sinne von Klang (Geräusche, Trommelsound) eingesetzt werden, es können aber genauso (Nonsense)-Worte oder Sätze genutzt werden. Natürlich gibt es in Verbindung mit der Notation auch die Möglichkeit der Kombination. Jedoch sollte man im Sinne der Genauigkeit nicht Opfer seiner eigenen Sprachstruktur werden, sondern sie percussiv musikalisiert und nicht rein technisch (wie beim Zählen) sprechen. Ebenso ist es wichtig, lustvoll, spielerisch und experimentierfreudig mit Rhythmen zu improvisieren und nicht nur an festgelegten Strukturen festzuhalten.

Aus der Praxis

An dieser Stelle möchte ich meine Wort/Silben-Methode *„Bär-Löwe"*, die auf der Basis von *Viertelnoten* aufgebaut ist, vorstellen. Sie hat die grundlegende Idee, dass sehr viele Kinder- und Volkslieder in einem 2/4, 3/4 oder 4/4 Takt notiert sind (siehe auch 6.3.8 „Taktarten begegnen"). Diese Methode soll als Ideenspender gesehen werden, denn sie bietet die Möglichkeit, mit Kindern hörend und musizierend in die Welt des Rhythmus einzutauchen und mit der Zeit diese Rhythmen auch schreiben und „vom Blatt spielen" zu lernen. Gleichzeitig kann sie aber auch als Basis für die Entwicklung einer eigenen Rhythmussprache dienen. Sie baut auf dem System der klassischen Notenwertenotation auf und hilft, diese recht einfach mit vielerlei Spielen übertragen zu können. Ihre Grenze ist an der Stelle erreicht, wo die Basis nicht mehr Viertel- sondern beispielsweise Achtelnoten (z. B. 6/8-Takt) sind. Hierfür müsste das System verändern werden.

Die Wort/Silben-Methode „Bär-Löwe“,
bezieht sich jeweils auf eine Viertelnote und besteht daher aus den folgenden möglichen rhythmischen Motiven unter Verwendung von Tiernamen als Rhythmussprache:

Notation	***Note:***	***zu sprechendes Wort:***
	Viertel	Bär
	2 Achtel	Lö – we
	4 Sechzehntel	schnel – le Pfer – de
	Viertel-Pause	Luft
	1 Achtel + 2 Sechzehntel	See – lö – we
	2 Sechzehntel + 1 Achtel	Schmet – ter – ling
	1 Sechzehntel + 1 Achtel + 1 Sechzehntel	Go – ril – la
	punktiertes Achtel + 1 Sechzehntel	Mö – we
	1 Sechzehntel + punktiertes Achtel	Wasch – bär
	Achtel-Triole	Dro – me – dar

Was ist wichtig?

Jede Silben/Wort Methode birgt in sich eine sprachliche Entfremdung und die Gefahr der sprachlichen Aufweichung. Von daher sollten die Worte und Wortsilben sehr präzise und percussiv über ein definiertes Tempo (Metrum) gesprochen werden. Dies erfordert eine gute Kontrolle. Zur Vorbereitung lernen die Kinder Worte wie z. B. ihre eigenen Namen, Fantasiewörter oder Sprechverse zu sprechen, zu klatschen und zu gehen. Dann wird ein Klatschmetrum eingegeben und die Kinder sprechen darüber diese Worte mit ihren entsprechenden Silben und lernen so, dass über einem Klatschimpuls nicht zwingend eine einzelne Silbe liegen muss. Allmählich lässt man nun die Worte der „Bär-Löwe“ Methode in der folgenden Reihenfolge einfließen:

- „Bär“ und „Löwe“ (Verdopplung und Halbierung)
- „schnelle Pferde“ (relativ bald, als weitere Verdopplungsebene)
- „Luft“ (die Pause, die nicht geklatscht, sondern mit einer Geste gezeigt wird und in ihrer Länge der von „Bär“ entspricht. Auch das sollte den Kindern aufgezeigt werden.)
- „Seelöwe“
- „Schmetterling“
- „Möwe“
- „Waschbär“
- „Gorilla“
- „Dromedar“

Die Anzahl der Rhythmusmotive (Elemente) kann von den Kindern ständig variiert und gemischt werden. Es ist jedoch zu Beginn sehr hilfreich, einen entwickelten Rhythmus mit den Elementen „Bär“ und „Schmetterling“ zu beenden, da sie die rhythmische Phrase beruhigen, während andere eine Spannung erzeugen, die häufig dazu führt, dass noch ein weiterer Impuls geklatscht werden möchte.

Im zeitlichen Verlauf kann eine Einführung der Elemente „Bär“, „Löwe“, „schnelle Pferde“ und „Luft“ relativ zügig hintereinander erfolgen. Dabei ist es für die Kinder spannend, wenn in der Umsetzung bei der Aneinanderreihung der Rhythmuselemente viele Pausen eingebaut werden und ein Abschluss beispielsweise mit „schnelle Pferde Bär“ gestaltet wird.
Jedes weitere der verbleibenden Rhythmuselemente sollte jedoch erst dann hinzukommen, wenn alles ihnen schon Bekannte sehr vertraut ist und sie einen sicheren Umgang damit haben. Hierfür braucht es Zeit und viele spielerische Wiederholungen.
Empfehlenswert ist es, den Zeitpunkt für eine Begegnung mit den rhythmischen Motiven „Waschbär“ und „ Gorilla“ und besonders für die Triole „Dromedar“ besonders abzuwägen, da die Kinder aufgrund der Komplexität dieser Motive eine hohe Sicherheit benötigen.
Mit der Zeit lernen die Kinder, das Metrum beim Sprechen und Klatschen auch zu gehen. Hierfür sollte der/die Anleiter/in im Vorfeld das Metrum für die Kinder sprechen und/oder klatschen oder es mit einer kleinen sich abwechselnden Gruppe von Kindern musizieren.

Ein Beispiel zum Testen:

a) beruhigtes Ende
Löwe – schnelle Pferde – Löwe – Luft – Seelöwe – Schmetterling – schnelle Pferde – Bär (oder alternativ für Bär: **Schmetterling**)

b) spannungsgeladenes Ende
Löwe – schnelle Pferde – Löwe – Luft – Seelöwe – Schmetterling – schnelle Pferde – **Seelöwe** (oder alternativ für Seelöwe: **schnelle Pferde**)

Obwohl dieser Rhythmus in seiner Notation recht komplex erscheint, können die Kinder ihn relativ schnell erlernen und übertragen. Gleichzeitig hören und erleben sie den Rhythmus sowohl äußerlich als auch innerlich. Mit Zeit, Ruhe und konsequentem Wegverlauf erlernen die Kinder auf spielerische Art und Weise einen Umgang mit relativ komplexen Rhythmusstrukturen, fühlen sich mit dieser Methode immer sicherer und nutzen sie für viele eigene Spielideen.

Tipps und Tricks:

- Die einzelnen Rhythmuselemente sollten mehrmals wiederholend musiziert werden, damit ein rhythmischer Verlauf stattfinden und empfunden werden kann.
- Werden die einzelnen Elemente nicht laut gesprochen, sondern beispielsweise als Höraufgabe geklatscht, dann ist es wichtig, im Vorfeld das („Bär“) Tempo zu klären oder die Anzahl der zu klatschenden Worte bekanntzugeben, denn „Bär-Bär“ könnte sonst auch als „Löwe“ empfunden werden oder „Schmetterling“ als „Löwe-Bär“. (Eine Frage der Tempodefinition im Sinne von Verdopplung und Halbierung.)
- Innerhalb der Musikgewürze gilt es im Besonderen, das Tempo zu beachten, denn oftmals ist ein langsameres Starttempo passender.
- Ein gemeinsamer Einsatz (Start) beim Musizieren ist nicht selbstverständlich, sondern muss erarbeitet werden. Dabei sollte jedes Kind die Erfahrung machen, den Einsatz geben zu können. Gute Möglichkeiten hierfür sind ein im Tempo definierter Sprechvers oder das Verwenden der Rhythmuselemente selbst. Auch Sätze wie „Achtung, fertig

los und!“ oder verkürzt „Los und!“ haben durch das Wort „und“ einen hohen Aufforderungscharakter zum Starten, während ein „Und los!“ eher den Start erschwert. Mit den Rhythmuselementen wäre die gleiche rhythmische Struktur: „Löwe-Löwe-Bär-Bär!“ oder in einer Kombination: „Löwe-Löwe-Bär-und!“

„Bär, Löwe“ Spiele aus der Praxis

Die Tiere dieser Rhythmussprache können die Kinder in Form von Bildern oder Symbolen auf Blättern, Pappen bzw. Holztafeln aufmalen. Wenn sie dieser Methode schon über eine längere Zeit begegnet sind, zeige ich ihnen (sehr häufig bei Vorschulkindern) auch die dazugehörige Notation auf, mit der Erklärung, dass die Musiker eine eigene geheime Schrift, ihre Notenschrift haben. Die Einführung der Notenschrift erfolgt in der gleichen Reihenfolge wie die Einführung der Rhythmusworte.
Mit den o.a. Bilder-, Symbol- oder Notationstafeln können die Kinder viele Spiele erlernen und mit der Zeit selbst durchführen bzw. weiter entwickeln. Hierfür müssen jedoch die Spielkarten „vervielfältigt“ werden.
An dieser Stelle möchte ich eine Auswahl von Spielen vorstellen, die *mit und ohne* Rhythmuskarten gespielt werden können:

„Das Rhythmus-Hörspiel-Spiel“ mit und ohne Karten
Jedes Kind wählt zwei bekannte Rhythmusworte aus, ohne sie zu verraten. Nun klatscht es diese (innerlich mitsprechend) für alle anderen Kinder. Wer erkennt sie?
Als Abschluss stellen sich die Kinder in eine Reihe und klatschen nacheinander (innerlich oder äußerlich mitsprechend) ihre Rhythmuselemente.
oder
Alle Rhythmusspielkarten liegen verdeckt auf dem Boden. Nun nimmt sich ein Kind zwei Karten und klatscht (innerlich mitsprechend) diese mehrmals, die anderen Kinder versuchen sie zu erkennen und zu benennen. Wer es herausfindet, bekommt sie.
Als Abschluss legen alle Kinder ihre „gewonnenen“ Karten in eine lange Rhythmuskette, die sie anschließend sprechen und klatschen.

„Das Rhythmus-Memory-Spiel“

Dieses Spiel ist angelehnt an das herkömmliche Memory-Spiel: es werden die passenden Paare gesucht. Wer ein Paar gefunden hat, klatscht es, bevor er es behalten kann, den anderen Kindern vor, die dann den Rhythmus wiederholen.

„Rhythmusschlange“

Alle Kinder überlegen sich im Kreis stehend ein Rhythmuselement und stellen dies den übrigen Kindern vor. Jedes Element wird mehrfach von den anderen Kindern wiederholt. Wenn jeder sein Element vorgestellt hat, wird die Rhythmusschlange eröffnet, d. h. die Kinder:

- sprechen und klatschen nacheinander nur ihr eigenes Wort,
- klatschen nacheinander nur ihr eigenes Wort,
- klatschen nacheinander nur ihr eigenes Wort und die anderen Kinder sprechen das Wort mit,
- sprechen und klatschen alle Rhythmusworte mit,
- klatschen den Rhythmus innerlich mitsprechend.

Hierfür ist es wichtig, beginnend in kleineren Gruppen zu arbeiten, viele Wiederholungen einzubauen und das Tempo eher moderat zu halten.
Variante:
Die Kinder legen mit Hilfe der Rhythmuskarten eine lange Rhythmusschlange durch den Raum. Daran entlanggehend klatschen sie diese, laut oder auch in sich sprechend, während ein Kind auf die zu klatschende Karte deutet.
Wenn das Ende der Rhythmusschlange erreicht ist, dreht das Kind, das auf die Karten gezeigt hat, eine davon um. Jetzt beginnt das Spiel von vorne, alle Rhythmuskarten (auch die verdeckte) werden geklatscht und ein anderes Kind zeigt dabei mit. So lernen die Kinder den Rhythmus spielerisch auswendig.

„Funkstationsmotiv“

Alle Kinder sind frei im Raum verteilt und haben jeweils ein individuelles „Funkstationsmotiv“, bestehend aus zwei Rhythmuselementen. Nachdem alle Motive vorgestellt wurden, können sie sich anfunken, indem sie erst

ihren eigenen Funkstationrhythmus morsen und dann den einer anderen Station. Diese meldet sich mit ihrem eigenen Rhythmus und morst jemand neues an.
Als Variante können sie ein freies Solo zwischen ihrem eigenen und dem der ausgewählten Funkstation einbauen.

„Suchen und Finden"

Ein Kind hat die Augen geschlossen oder steht hinter einer Stellwand, einem Vorhang bzw. einer Tür. Die übrigen Kinder suchen sich einen Partner oder eine Partnerin. Jedes der Paare erhält nun zwei Rhythmuselemente oder entsprechende Karten zugeteilt und es erfolgt eine Absprache innerhalb der Paare, in welcher Reihenfolge sie die Rhythmuselemente klatschen oder am Körper musizieren wollen. Danach verteilen sich alle einzeln im Raum. Das wartende Kind löst nun durch das Berühren der Kinder die Rhythmen aus. Ziel ist es, die zusammengehörigen Paare herauszufinden.

„Stille Rhythmus-Post"

Die Kinder sitzen oder stehen in einer Schlange hintereinander. Zwei (aber auch drei oder vier) Rhythmuselemente werden auf den Rücken der Vorderperson musiziert und so weitergegeben. Das vorderste Kind sagt die Lösung.

„Turmbau zu Rhythmen"

Die Kinder lernen einen Rhythmus in der Länge von „Seelöwe-Seelöwe-Schmetterling-Bär" oder auch verlängert mit einer wiederholenden Struktur „Seelöwe-Seelöwe-Schmetterling-Löwe-Seelöwe-Seelöwe-Schmetterling-Bär". Jetzt werden Bauklötze verteilt und die Kinder bauen (im Kreis sitzend) einen Turm, indem sie gemeinsam den Rhythmus sprechen, aber nacheinander bei jedem Wort einen Baustein ablegen. Vorsicht mit dem Tempo!

„Aufräumaktionen mit Bär und Löwe"

Lustig ist es für Kinder auch, wenn man das Aufräumen ihrer Spielsachen, das Verschieben von Tischen oder Stühlen etc. rhythmisch gestaltet. So können die Gegenstände im Rhythmus von „Bär-Löwe" verschoben oder „hüpfend" verstaut und aufgeräumt werden. Es kann aber auch ein Wegbringen der Gegenstände mit „Bär-Löwe"-Schritten stattfinden.

Alle Spielideen sind als Auslöser für das Erfinden eigener interessanter Spiele mit Kindern gedacht.

6.4 Körperwahrnehmung, Körperarbeit und Körperschulung als Grundlage in der musikpädagogischen Arbeit

Der Grundgedanke

Ausgehend von dem Gedanken, dass das Musizieren als direkter Prozess des äußeren Tuns, aber auch das Musik hören und -erleben als indirekter Prozess des inneren Erlebens nur mit Hilfe unseres Körpers stattfinden kann, ist es konsequent, wenn man die Körperwahrnehmung und -schulung in den Mittelpunkt der musikpädagogischen und musikpraktischen Arbeit stellt. Dies sowohl in einem nie endenden kontinuierlichen Prozess für sich selbst, als auch in der musikpraktischen Arbeit mit Kindern. Der Körper muss wie ein Instrument in Haltung und Bewegung „gestimmt" sein, damit ein sensibles Musik machen oder Musik hören ermöglicht werden kann. Dabei sind die Körperhaltung und die Bewegung des Menschen gleichzeitig auch als Ausdruck seiner Gesamtpersönlichkeit zu sehen. Die Verbindung von Psyche und Körper spiegelt sich in der Ausdifferenziertheit des aktiven Bewegungsapparates wider, beginnend im Kindesalter und weiterführend bis ins Erwachsenenalter. Es entwickeln sich individuelle Haltungen, die zugleich in enger Verbindung zum stimmlichen oder, in der Übertragung auf Instrumente, zum musizierenden Ausdruck stehen.

Was sollte man wissen?

In der praktischen Umsetzung mit Kindern zeigt sich dabei die beeindruckende wechselseitige Wirkungsweise von Körperarbeit und Stimmtraining bzw. Körperarbeit und dem Musizieren mit Instrumenten. Ganz spielerisch – und hier ist die Art und Weise gemeint, die den Kindern im Alltagsleben sehr nahe kommt – erproben und testen sie ihre Stimme oder übertragen diese Erfahrungen auf das Instrumentenspiel. Sie spüren, wie sich Haltung und Atmung verändern können und erleben, wie sich Spannungsveränderungen im Körper auf Klang und Klangfärbung auswirken. Die Kinder erfahren, wie man die Stimme gezielt als unmittelbares Instrument einsetzen und beeinflussen kann. In gleicher Weise erfahren sie, wie das Anschlagen – in meinen Augen „das Musizieren" – eines Instrumentes beeinflusst, wie Klang und Klangfarbe beim Spielen dieses Instrumentes sensibel durch die Differenziertheit des eigenen Körpers gesteuert wird. Gleiches gilt für den indirekten Prozess des inneren Musik Hörens und Erlebens. Bin ich in meinem Körper hierfür nicht „gestimmt" – oftmals hört man: „Ich bin nicht in Stimmung ..." – werde ich die Nuancen der Musik nicht wirklich verfolgen können. Auch hier muss die Verbindung von Psyche und Körper stimmen. Diese körperliche Verbindung muss immer wieder aufs Neue trainiert und verankert werden, sei es für sich selbst, als auch in der musikpraktischen Arbeit mit Kindern; ein Prozess von „lebenslangem Lernen". Dieses Zulassen von neuen Begegnungen mit seinem Körper in einer ständigen Wechselwirkung mit der Musik führt dazu, Musik immer wieder neu zu erleben, anders zu hören, zu interpretieren oder zu schöpfen.

Spiele aus der Praxis

Fangspiele sind generell gute Möglichkeiten, Kinder in Bewegung zu bringen. Zwei in ihrer Form unterschiedliche Bewegungsspiele möchte ich an dieser Stelle vorstellen und meine Varianten als Ideenspender aufzeigen:

„Fischer, Fischer, wie tief ist das Wasser"

Ein gutes Spiel, um unterschiedliche Fortbewegungsqualitäten zu erarbeiten. Eine Erweiterung ist es, diese Fortbewegungsarten zusätzlich mit seiner eigenen Stimme klanglich zu unterstützen, denn die Frage: „Wie kommen wir da rüber?", mit beispielsweise der Antwort: „Hüpfend auf einem Bein!", kann mit einer zusätzlichen Frage: „Und wie klingt das?" erweitert werden. Durch die Antwort des Fischers (z. B. „Hep-Hep") würden die Kinder mit einer kombinierten Lösung von Stimme und Bewegung über das Wasser kommen, d. h. alle koordinieren ihre Fortbewegung mit ihrer Stimme. Mit der Zeit kann die Verbindung von Stimme und Bewegung in Einklang gebracht werden, denn bei einem Schlittschuhschritt wäre ein stimmloses „Schuuh-Schuuh" deutlich adäquater als ein „Tip-Tip-Tip". So kann dieses Spiel als Einstieg für das Thema „Bewegungsbegleitung"/„Bewegungsinitiierung" genutzt werden.

„Ochs vorm Berg 1-2-3"

Ein Kind steht dicht vor einer Wand und ist den anderen Kindern mit dem Rücken zugewandt. Diese stehen mit einem größeren Abstand zu der Wand an einer Linie und haben das Ziel, in der Zeit, wo das einzelne Kind an der Wand den Spruch „Ochs vorm Berg 1–2–3" sagt, so schnell wie möglich mit der Hand anschlagend die Wand zu erreichen. Wer gewinnt, löst das einzelne Kind ab und das Spiel beginnt von vorn. Der Reiz des Spiels liegt darin, dass sich das Kind nach seinem Spruch schnell umdreht und alle anderen Kinder in ihrer Haltung verharren müssen, denn wer sich bewegt, muss zurück an den Ausgangspunkt. Der Reiz in der Bewegungspädagogik liegt darin, dieses Spiel für einen sogenannten „Freeze" (Einfrieren, Versteinern) zu nutzen.

Geschult werden in diesem Spiel viele unterschiedliche Ebenen von Körper und Stimme: für das Kind an der Wand steht das Spielen mit dem Sprechtempo in Verbindung

> *Spannung oder Entspannung?*
>
> In der Literatur für Körperarbeit, Sport, Tanz und generelles Bewegungstraining, findet man sehr oft die Worte Spannung und Entspannung. Das Wort Spannung wird dabei häufig für diverse Aspekte mit Zusätzen versehen u. a. Über-spannung, Unter-spannung, An-spannung, Ver-spannung. Der Zusatz Ent-spannung dient als Wort der Lockerung, ist jedoch der Zustand eines muskulären Loslassens des Körpers, wie z. B. beim Schlafen oder beim gedankenlosen Liegen in der Sommersonne am Meer. Daher arbeite ich im Regelfall nicht mit dem Wort „Entspannung", sondern mit dem Wort „Lösen".

mit der Koordination der Drehung nach oder beim letzten Wort und dem schnell schweifenden Kontrollblick im Vordergrund, für die anderen Kinder ist es das Verharren, sobald sich das „Wandkind" dreht; sie kommen in einer bestimmten Haltung und einer körperlichen Spannung in einen Freeze. Unterbricht man überraschend dieses Spiel und löst diese Haltungen auf, erleben die Kinder die Spannungsintensität in ihrem Körper.

Reizvoll ist es, das Spiel „Ochs vorm Berg" mit Hilfe von „Schummeltricks" zu modifizieren. Unter „Schummeltricks" verstehe ich nicht das Betrügen, sondern die kreative Suche nach Lösungsmöglichkeiten, um aus der Sicht der laufenden Kinder ungesehen und möglichst schnell an der Wand zu landen bzw. aus der Sicht des einzelnen Kindes an der Wand möglichst viele zu entdecken, die sich noch bewegen.

Einige Beispiele:

- Das Sprechverstempo verleitet die Kinder, schneller oder langsamer in der Fortbewegung zu sein.
- Durch eine Variation der Sprechgeschwindigkeiten (von langsam nach schnell oder umgekehrt) kann man mehr Kinder überraschen (zurückschicken).
- Dreht sich das an der Wand stehende Kind anfangs langsamer um, um dann am Ende zu beschleunigen, verleitet es die anderen Kinder, aufgrund des Anfangstempos noch einen weiteren Schritt zu gehen und entsprechend „ertappt" zu werden.
- Meist haben Kinder eine Lieblingsdrehrichtung (über die rechte oder die linke Schulter). Diese Erkenntnis kann für die Aufstellung an der Grundlinie zum Vorteil werden. Es lohnt sich daher für die „Wandkinder", beide Drehrichtungen zu beherrschen.
- Ein weiterer Trick ist es, sich scheinbar im Freeze stehend, mit unbewegtem Ober- und Unterkörper nur über eine Fußarbeit nach vorne zu schummeln, während das Wandkind die anderen Kinder „kontrolliert". Diese Art der Fortbewegung ist für viele Kinder völlig neu.

All diese Spielformen trainieren spielerisch die Körperhaltungen, den Blick, die Fortbewegungen und die Stimme.

6.5 Singen mit Kindern

„Wie schade, dass Mütter (und Pädagog/inn/en) die Kinder nicht genügend lange lallen, summen, herumliedern lassen, sondern sie viel zu früh zwingen, die ‚richtige' Melodie und den ‚richtigen' Text zu erlernen."*

(Zoltán Kodály, *Herbert Fiedler)

Die Stimme in ihrem ganzen Facettenreichtum

Die Stimme ist das körpereigenste Instrument. Keine Mechanik, kein Schlegel, nichts trennt den Körper vom Klang und von seiner Klangerzeugung. Die Verbindung zwischen dem Höreindruck der eigenen Stimme beim Sprechen und Singen und dem gleichzeitigen inneren körperlichen Erleben ist so eng, dass sich körperliche und emotionale Bewegungen direkt in ihr äußern. Die Stimme in ihrer gesamten Funktionsbreite und Ausdrucksfähigkeit zu „locken", zu sensibilisieren und zu trainieren ist die entscheidende Basis für das Musizieren mit Kindern. Für das Singen muss der Körper wie ein Instrument in Haltung und Bewegung „gestimmt" werden (siehe Kapitel 6.4 Körperwahrnehmung ...).
Gleichzeitig ist das soziale Miteinander ein wichtiger begleitender Prozess in der Musik. Erlebt wird dieser sehr häufig über das gemeinsame Musizieren oder Singen. Daher sollten parallel zur gemeinsamen stimmlichen Arbeit, zum gemeinsamen Singen oder auch zum gemeinsamen Musizieren mit Instrumenten die Möglichkeiten der Begegnung geschaffen werden.
Der Umgang mit der eigenen Stimme – sei es beim Sprechen oder Singen – ist für die Arbeit mit Kindern von tiefgreifender Bedeutung. Sich ihrer bewusst zu sein ist ein „Muss" für alle, die in der pädagogischen Arbeit tätig sind. In der direkten Arbeit mit Kindern kann man viele Erfahrungen mit seiner eigenen Stimme sammeln. Erzieher/innen und Kinder sollten dabei Mut zum Experimentieren und zum Ungewöhnlichen entwickeln. Gerade in diesem Zusammenhang haben Pädagogen und Pädagoginnen eine große Vorbildfunktion, deshalb sollten ihre didaktischen und methodischen Schritte für eine adäquate Stimmarbeit mit Kindern geplant und

strukturiert erfolgen. Es ist von großer Bedeutung, die eigene Person und die eigene stimmlichen Arbeit ernst zu nehmen, wenn es um stimmliche Qualität geht. Der Motor für unsere Motivation ergibt sich dabei durch eine spielerische, abwechslungsreiche, lustvolle und sensible stimmbildnerische musikalische Arbeit mit Kindern. Es ist ein kreativer Prozess, sie über das Singen in das eigene Musizieren zu führen und ihnen ihre Stimme mit all ihren Facetten erfahr- und erlebbar zu machen. Eine Herausforderung ist es, die Kinder aus ihren Alltagsituationen zu entführen, um sie für einige Momente zu verzaubern.
Fast jeder kennt das schöne Gefühl, mal „über den Dingen zu stehen" und den Boden nicht mehr zu berühren. Auch in Pippi-Langstrumpf-Filmen kann man diesem Reiz begegnen, den Kinder gerne im Spiel nutzen. Auf Stühlen und Tischen zu stehen oder erhöht auf Möbeln zu sitzen ist für Kinder eine reizvolle Situation, vielleicht weil diese für sie häufig verboten ist und die Erwachsenen diese Situation oft eher kritisch betrachten. „Bei Ihnen dürfen die Kinder über die Tische und Stühle turnen? Schränke sind nicht zum Sitzen da!" Was hat es – abgesehen von dem Kinderspiel „Boden berühren verboten" – mit dieser Situation auf sich? Kinder verändern ihre Körperhaltung, wenn sie plötzlich größer sind als Erwachsene und in dieser Position auch singen; sie werden nicht nur äußerlich, sondern auch innerlich größer. Die Disposition ihres Körpers ist in ihrer Haltung und Aufrichtung deutlich sichtbar. Und besonders hier zeigt sich die wechselseitige Beeinflussung von innerer und äußerer Haltung in Verbindung zum Stimmklang: Die Erfahrung, „über der Sache zu singen", führt bei vielen Kindern ganz natürlich zu einer freieren Stimme, die sie zunächst eher unbewusst erleben. Gleichzeitig löst die Freude am Reiz der erhöhten Raumebene bei Kindern meist einen helleren und strahlenderen Stimmklang aus. Auch das Volumen und die Intensität der Stimme nehmen unbewusst zu. Viele Erwachsene kennen das Phänomen, dass, wenn man Kindern sagt: „Singt doch mal lauter/kräftiger!", sie eher ins Pressen oder gar Schreien geraten, statt kraftvoller und voluminöser zu singen. Das Alltagsspiel der Kinder „Boden berühren verboten" löst hier eine neue Form von qualitativer Stimmarbeit aus.

Alltagssituationen für das Singen mit Kindern aufgreifen

Immer wieder ist es spannend, *Alltagsspiele* von Kindern zu beobachten, um sie dann unter musikalischer Perspektive auszuwerten. Wie bereits oben erwähnt, können wir die Kinder mit ihren Spielen „abholen“, um mit ihnen Haltungs- und Körperarbeit zu „trainieren“ („Ochs vorm Berg“), metrisch-rhythmische Spiele durchzuführen (Hüppekästchen, Gummitwist, Schwungseil) oder Bodypercussion-Sequenzen zu erleben (Hand-Klatsch-Spiele mit Abzählreimen).

Genauso gilt es, *Alltagssituationen* der Kinder aufzugreifen, wie das Erfinden und Erzählen von Geschichten und Rollenspielen, an denen man in musikalischer Hinsicht ansetzen kann. Diese entstehen oft in den Verkleidungsecken oder im Spiel mit Handpuppen. In diesen Spielformen setzen die Kinder ihre Stimme bewusst ein – sei es beim geheimnisvollen Erzählen oder beim Charakterisieren ihrer erdachten Figuren: Sie kichern, flüstern, rufen, färben ihre Stimme hoch oder tief, sprechen schnell oder bewusst langsam, verbinden Worte im Sinne eines musikalischen Legato oder entwickeln eine Art Robotersprache im Sinne eines Staccato. Beobachtet man die Kinder in solchen Situationen, erkennt man, dass ihr

Stimmklang und ihre Sprechart gleichzeitig ihre Körperhaltung, ihren Körperausdruck und ihre Gestik beeinflussen. So erzeugt beispielsweise ein geheimnisvolles Flüstern eine andere Körpersprache als ein lautes Rufen.
Besonders spannend für Kinder sind „Stimmexperimente“ jenseits der Kitaräume, wie zum Beispiel das Singen eines Liedes unter einer Brücke oder in einem Fußgängertunnel. Hier erleben die Kinder, dass ihre Stimme plötzlich ganz verändert klingt. Die Kinder können hier ihre Stimme auf experimentelle Weise erproben und entdecken dabei möglicherweise zum ersten Mal ihre Kopfstimme. Sie erleben durch den Hall die Parameter in der Musik in einem neuen Zusammenhang. Laut, leise, schnell, langsam, gebundene oder unterbrochene Worte bzw. Sätze werden unermüdlich erprobt und erforscht. Wenn sie diese Erfahrungen dann auf andere Lieder übertragen, ergibt sich fast von selbst eine Variationsbreite in Tempo, Dynamik und Artikulation.

6.5.1 Spielerische Stimmbildung

Der Grundgedanke

Eine abwechslungsreiche und sensible stimmbildnerische musikalische Arbeit mit Kindern sollte folgende Aspekte berücksichtigen und spielerisch trainieren:

- „Die Bedeutung des Einsingens oder Einsprechens“
- „Disposition“
- „Atemübungen“
- „Resonanzfindung“
- „Artikulationsübungen“
- „Vokalbildung und Vokalausgleich“
- „Legato singen“
- „Adäquate Tonhöhen und deren Erweiterung“
- das soziale Miteinander

Das sollte man wissen

Die Bedeutung des Einsingens

Das Einsingen/Einsprechen dient dem Anwärmen des Stimmapparates. Es sollte ein facettenreiches Stimmtraining sein, das gleichzeitig eine ständige stimmliche Erweiterung, Ausdifferenzierung und Feinmotorikschulung berücksichtigt. Hierfür ist es wichtig, eine Atmosphäre zu schaffen, mit Hilfe derer die Kinder aus der eigenen individuellen Erlebniswelt abgeholt werden können und in einem gemeinsamen „Ankommen" der Musikwelt begegnen. Angereichert mit den Gewürzen der Musik, mit kleinen spontanen experimentellen und improvisatorischen Arrangements, mit der Möglichkeit der Stimmentfremdung z. B. durch das Aufgreifen einer Comicsprache, mit plötzlichen Pausen/Breaks kann das Einsingen/Einsprechen äußerst lustvoll stattfinden.

Disposition

Die Dispositionsarbeit ist zuständig für eine gute Aufrichtung, eine gute Spannung im Körper ohne Verspannung oder Überspannung, Voraussetzung dafür, den Atem fließen lassen zu können, sich geschmeidig und durchlässig zu fühlen.

Atemübungen

Beim Singen oder Sprechen/Erzählen kommt es im Vergleich zur Normalatmung zu einer verlängerten Ausatmungsphase. Innerhalb der Atemübungen ist ein entscheidendes Ziel, den Atemstrom beim Ausatmen „tragen" zu lernen und ihn zu kontrollieren. Gleichzeitig sollte die Zwerchfellatmung, die bei Geburt automatisch vorhanden ist, aber im Regelfall verloren geht, wieder erfahren werden.

Resonanzfindung

Es ist eine schöne Erfahrung für die Kinder, dem Klang ihres Körpers nachzuspüren und die Schwingungen beim Singen an vielen Körperstellen zu fühlen. Sie erleben hierdurch ihren Körper „neu". Mit Hilfe von Partnerübungen fühlen und spüren sie aber auch bei anderen Kindern die Schwingungen und Vibrationen, die beim Singen oder Sprechen ausgelöst werden. Dabei reicht ein einfaches Auflegen der Handfläche oder des Handrückens an der Stirn, der Wange, dem Hals, Bauch, im Lendenwirbelbereich usw. völlig aus.

Artikulationsübungen

Artikulationsübungen dienen dem Training der „Artikulationswerkzeuge", im Wesentlichen der Zunge, der Lippen und des Unterkiefers. Das schnelle und längere Repetieren von Zungen-, Lippen- oder Unterkieferbewegungen führt nach einiger Zeit zu Ermüdungserscheinungen, die zu Verspannungen oder Verfestigungen der beteiligten Muskulatur führen können. Insofern sollten diese Übungen eher kürzer gestaltet werden. Das geschmeidige und gelöste Zusammenspiel der Artikulationswerkzeuge ist Voraussetzung für eine klare und textverständliche Aussprache, eine deutliche und bewusste Artikulation beim Singen oder Sprechen.

Vokalbildung und Vokalausgleich

Das Bilden und Trainieren von Vokalen und Konsonanten ist ein weiteres Feld in der spielerischen Stimmbildung mit Kindern. Nehmen wir unsere Vokale a-e-i-o-u in alphabetischer Reihenfolge und probieren nun, sie in eine natürliche Reihenfolge zu bringen, die sich vom Übergang des einen Vokals zum anderen ergibt, so entsteht eine neue Vokalkette. Auf einer langsamen Suche stellt man fest, dass der Weg, um beispielsweise vom o zum i zu kommen über das a und das e geht! So entsteht die Vokalkette i-e-a-o-u oder umgekehrt u-o-a-e-i.

Im Vokalausgleich geht es nun darum, geschickte Lösungen bzw. einen guten Ausgleich zwischen entfernten Vokalen zu finden. So sollte bei dem Lied „Alle Vögel sind schon da" die Textstelle „**A**ms**e**l, Dr**o**ss**e**l, ..." so adäquat gelöst werden, dass unsere Artikulationswerkzeuge keinen Hürdenlauf machen müssen, sondern den möglichst geringsten Aufwand betreiben und den Stimmklang dabei nicht zu einem „Breitmaulfroschklang" vom o zum e werden lassen. Diesen Vokalausgleich gilt es zu entwickeln.

Legato singen

Das Legato-Singen eint die Qualitäten des Zusammenspiels aller Körperfunktionen einschließlich des Atems, denn die Verbindung von zwei Tönen im Legatogesang erfordert einen sehr gleichmäßigen Atemfluss beim Ausatmen. So sollten Stimmspiele, die Kinder in einen Legatogesang führen, in der spielerischen Stimmbildung nicht fehlen.

Adäquate Tonhöhen und deren Erweiterung

Mit Kindern zu singen bedeutet auch, auf adäquate Tonhöhen zu achten. Leider wird mit Kindern sehr häufig zu tief gesungen. Dies führt dazu, dass Kinder „brummen", kein wirkliches Gefühl für Tonhöhen oder Verläufe finden können und ihrer Kopfstimme nur bedingt begegnen. Diese Problematik entsteht häufig, weil die Stimme der Anleiter/innen zu wenig für das Singen geschult und trainiert ist, sie von daher schnell das Gefühl haben „Das ist zu hoch für mich!", oder, dass man mit CDs von Kinderliedermacher/innen mitsingen möchte, diese aber sehr häufig für die Kinderstimmen zu tief singen. So ist die Ausgangstonhöhenlage von d^1 bis d^2 eine grobe Orientierung. Je nach Alter und Stimmtraining kann diese Ausgangslage deutlich erweitert werden. Dabei ist die Grenze nach unten zu einem kleinen a oder g deutlich schneller erreicht als die Grenze nach oben, die leicht bis zu einem a^2, ja sogar bis zu einem c^4 gehen kann.

Spiele aus der Praxis

Es gibt in der Literatur eine Vielzahl von praktischen Beispielen, klassischen Stimmspielen und Stimmübungen (eine Auswahl finden Sie im Kapitel 7.2 „Buchtipps"). Für eine gute Stimmarbeit mit Kindern ist das Training mit der eigenen Stimme eine Grundvoraussetzung (siehe Kapitel 5.1.3 „Einsatz der eigenen Stimme"). Die eigene Empfindung und Wahrnehmung können hierdurch zu Rate gezogen werden. Die Praxis sollte immer vor der Theorie stehen und ist gleichzeitig deren Bestätigung oder Infragestellung. Spannend ist es, mit Kindern selbst Stimmspiele zu erfinden und sie in einen experimentellen Umgang mit ihrer Stimme zu führen. Da dies kein Buch zur klassischen Stimmbildung mit Kindern ist, sondern es mir ein Anliegen ist, bestimmt Aspekte der kindlichen Stimme auch in Verbindung mit dem Körper sowie spielerische Stimmspiele als Ideenspender für eigene Rezepte aufzuzeigen, möchte ich für den praktischen Kontext meinen Fokus auf „die Dispositionsarbeit mit dem Körper" und „die Atemspiele" legen. Abschließend stelle ich noch zwei Lieder für eine spielerische Stimmarbeit mit Kindern vor.

Spiele zur Disposition

Die Kinder gehen durch den Raum. Nachdem sie durch ein Schnipsen zum Stopp geführt wurden, schließen sie die Augen und spüren nach, wie ihre Füße in Bezug auf die Fußstellung, auch in Relation zum Körpergewicht (Belastung auf der Innen-, Außenkante etc.) stehen. Ein Händereiben öffnet ihre Augen und sie gehen weiter, bis ein erneuter Stopp kommt. Nun gilt es, mit geschlossenen Augen beispielsweise in den Knien zu federn, dann die Hüfte kreisen zu lassen oder mit ihr eine Zahl zu „schreiben". Allmählich erfährt man so seinen ganzen Körper von den Zehen- bis zu den Haarspitzen.

„Schilfhalme im Wind"

Die Kinder stehen im Raum verteilt und haben die Augen geschlossen. Sie sind „Schilfhalme", die durch den Wind, der durch das Aus- bzw. Einatmen von der Erzieherin oder auch einem Kind stimmlich dargestellt wird, bewegt werden. Durch die Lautstärke und Atemintensität werden die Bewegungen in ihrer Größe aber auch Feinheit gesteuert. Der Wind wechselt in seiner Intensität, aber auch in seinen Richtungen – er kommt von vorne, hinten oder seitwärts. Wenn er sich beruhigt, pendeln die „Schilfhalme" allmählich wieder in ihre Ausgangsposition zurück.

„Wettermassage"

Kleine Massagespiele sind ebenfalls gute Möglichkeiten, seinen Körper zu entdecken und zu trainieren. So gibt es die „Wettermassage" (ein Übertragen von Nieselregen, Regen, Hagel, Donner, Blitz, Sonne … durch die

Finger/Hände auf den Rücken eines Partners/einer Partnerin) oder das „Massieren mit Musik“, d.h. hier steuern die Parameter der Musik und ihre Struktur die Massage.

„Imaginäres Malen eines Bildes“

Die Kinder stehen frei im Raum verteilt. Ihre Körperteile werden zu kleinen (die Nasenspitze), großen (der Fuß), dicken (der Po) oder dünnen (der Zeigefinger) Pinseln. Nachdem eines der Körperteile als Pinsel benannt wurde, beginnt die Musik, z.B. die „Ouvertüre“ von P. Tschaikowski aus der Nussknacker-Suite, und es entsteht ein imaginäres Bild. Dabei wechselt der imaginäre Pinsel zu anderen Körperteilen. Wird das Bild nach einer Runde nicht fertig, braucht es eine zweite. Abschließend werden diese Bilder besprochen.

Spiele für die Atmung

Das Trainieren der Atmung ist für Kinder ein wichtiger Lernprozess. Dieser Prozess braucht Wiederholungen, Ruhe und Zeit. So möchte ich an dieser Stelle einige grundsätzliche Anmerkungen bzw. kurze Praxisbeispiele aufzeigen:

- Die Aufmerksamkeit sollte prinzipiell auf der Ausatmung, nicht auf der Einatmung liegen.
- Es hilft, bei einer Tiefenatmung über die Nase einzuatmen.
- Mit Hilfe der Zwerchfellprovokation wird eine bewusst kurze Ausatmung provoziert. Gleichzeitig kommt es zu einer passiven Einatmung. Der Körper reagiert wie eine „Sprungfeder“, die Ausatmungsprovokation ist sozusagen das Zusammendrü-

> Atem-Übungen sollten immer in Verbindung mit Körperlockerungs- oder körperlösenden-Übungen einhergehen und in der zeitlichen Länge eher kürzer sein. Die Kinder müssen dabei gut beobachtet werden, damit ihnen gegebenenfalls mit Tipps und Tricks geholfen werden kann und gleichzeitig die Gefahr der Hyperventilierung ausgeschlossen wird.

cken der Feder, das Einatmen passiert, wie beim Zurückschnellen der Feder, ganz automatisch.

Spiele hierzu:

- das impulshafte Auspusten mehrerer Kerzen hintereinander,
- liegend ein Chiffontuch mit kurzen Blasimpulsen in der Luft halten,
- rhythmische Spiele mit verschiedenen Kombinationen von Explosivkonsonanten p-b, t-d, k-g.

Spannend ist es, verschiedene Beispiele für sich selbst oder zusammen mit den Kindern auszuprobieren und zu kombinieren.
Ein Beispiel: Man spricht dreimal sehr percussiv p, p, p, atmet dann kurz über die Nase der Atmung nachspürend ein und lässt einen langen Ausatmungsstrom folgen. Wie fühlt sich das an?

Artikulationsspiele mit Kindern selbst entwickeln

Die drei wichtigsten Bereiche, die bei Artikulationsübungen trainiert werden, sind die Lippen, die Zunge und der Unterkiefer. Für das Trainieren der Lippen wird häufig ein Summen verwendet (mal mit geschlossenen Lippen, mal so, als hätte man eine große Kartoffel im Mund).
Welche Spiele entdecken Kinder noch für ihre Lippen? Ist es ein „Lippen-Ploppen" über ein kurzes stimmloses oder stimmvolles „pö" mit gespannten Lippen oder ein kurzes, schnelles percussives stimmloses bo, bo, bo?
Welche Spiele finden sie für ihre Zunge? Ein schnelles wechselndes „lo, la, lo, la, li, la, li, la" oder ein „donn, donn, donn" für die Zungenspitze?
Welche Spiele kann man für den Unterkiefer finden? Gähnen oder wie eine Kuh kauen? Welche Zungenbrecher kennen die Kinder? „Fischers Fritz fischt frische Fische" oder „In Ulm und um Ulm und um Ulm herum"?
Sehr reizvoll ist es für Kinder, mit Hilfe derartiger Artikulationsübungen „Vocal-Grooves" zu entwickeln, d.h. zu einer „Beat-Box" zu werden (ein faszinierendes Beat-Box Beispiel unter http://www.myvideo.de/watch/23564).
Mit kleinen stimmbildnerischen Ideen und gezielten Fragestellungen können Kinder inspiriert werden, eigene Stimmspiele zu erfinden.

Spiele für die soziale Begegnung

Mein schönstes Erlebnis heute …

Während des Singens sollen die Kinder bei einem verabredeten Wort aufstehen, um bis zum Ende der Strophe (oder des Refrains, Liedes) einen anderen Platz mit einem neuen Nachbarn zu finden. Jetzt erzählen sie sich untereinander kurz das schönste oder spannendste Erlebnis ihres Tages. So kommen mit der Zeit alle Kinder in Kontakt und es entwickelt sich ein offener Kommunikationsfluss.

Fühlst du, wie ich höre?

Die Kinder stehen so im Kreis, dass jedes Kind den Rücken des Vordermannes gut berühren kann. Nun wird die Artikulationsart, das Tempo und die Dynamik des Singens massierend auf den Rücken des Partners übertragen: Ein leises musikalisches Staccato wird z. B. ein leichtes Klopfen, ein Legato ein Ausstreichen.

Diese und andere Wege ermöglichen Nähe, soziales Miteinander, verbalen und nonverbalen Austausch und gegenseitiges Vertrauen. Gleichzeitig entwickelt sich der Klangkörper „Chor“ immer mehr zu einem wirklichen gemeinsamen Singen. Diese Erfahrungen sollten auch für ein generationsübergreifendes Singen genutzt werden (mit Eltern, Großeltern und anderen Bezugspersonen), denn Singen verbindet – und zwar auf der Basis von Kommunikation, Akzeptanz, Vertrauen und respektvollem Umgang untereinander.

Lieder zur Stimmbildung

Über eine animierende Liedeinführung können Kinder gut für eine stimmbildnerische Arbeit abgeholt werden. Hierfür zwei Beispiele:

„Alles Banane" (von Unmada, Manfred Kindel)

Bei dem Lied „Alles Banane", werden „verrückte" Tiergeräusche oder Alltagssituationen singend vor- und dann mit der Stimme klanglich oder geräuschhaft dargestellt. „Wenn am Morgen ein Nashorn kräht", „Wenn ein Igel dich zärtlich küsst" oder „Wenn ein Seehund dein Müsli frisst", wie klingt das? Stimmliche Lösungen hierfür können von Kindern alleine entwickelt werden, beginnend können sie aber auch über den Echokatalog in diese Geräusche und Klänge geführt werden.

Alles Banane **Text und Musik: Unmada (Manfred Kindel)**
http://manfred-kindel.de/unmada

Zum Mitmachen zwischen den Zeilen:

Wenn am Morgen ein Nashorn kräht	Kikeriki! *Finger auf die Nase*
Und im Zimmer ein Nilpferd steht,	*Lippen flattern lassen*
wenn ein Igel dich zärtlich küsst	*Küsschen verteilen*
und ein Seehund dein Müsli frisst.	Chap, chap! *Essen schaufeln*
Ja, dann ist wieder mal alles Bananae,	2 x mit Klatschen
dann ist wieder mal alles klar.	
Wenn im Radio ein Truthahn singt	*Locker im Gesicht, Kopf schütteln, Ton*
Und im Waschkorb ein Stinktier stinkt,	Iiiiih! *Nase zuhalten*
wenn im Klo ein Goldfisch schwimmt	Blubb, blubb! *Mund auf und zu*
und im Kühlschrank ein Maulwurf pennt	*schnarchen, Hand auf Backe*
Ja, dann ist wieder mal alles Banane,	*2 x mit Klatschen*
dann ist wieder mal alles klar.	
Wenn ein Elefant Fußball spielt	Bumm! Toooor! *Arme hochreißen*
Und ein Saurier durchs Fenster schielt,	Oink, oink! *Finger zur Brille*
wenn am Himmel ein Walfisch fliegt	Ffft, fffft! *Mit Händen am Körper flattern*
und im Köpfchen ein Vogel piept.	Piep, piep! *Wander-Vogel zeigen*
Ja, dann ist wieder mal alles Banane,	2 x mit Klatschen
dann ist wieder mal alles klar.	

„Kinderwaldlied“ von Unmada, Manfred Kindel

Dieses Lied, im Original „I love the flowers“, ist eine Bearbeitung von Unmada. Die Idee in der Umsetzung ist, den deutschen Text „Ich mag die Bäume, ich mag das bunte Laub“ mit verschiedenen „Waldgeisterstimmen“, die aus dem Kinderwald kommen, zu singen; sei dies wie u.a. die Trolle (tief und ruppig), die Blumenelfen (hell und hoch) oder die Schlangenfeen (geheimnisvoll flüsternd). Über eine kleine erfundene Geschichte kann dieses Lied eingeführt werden, während der Refrain, den die Kinder schnell mitsummen können, bereits instrumental erklingt, z.B.: „Also neulich, da war ich ja im Kinderwald unterwegs und was glaubt ihr, was ich da gesehen und gehört habe? Das könnt ihr euch ja gar nicht vorstellen! Ich traf dort, na? Na klar, die Zwerge, und wisst ihr, wie die gesungen haben?“ oder auch „Ich traf dort einen frisch geborenen Waldengel, und der konnte sogar schon singen! Allerdings nur ein „mmh“, aber das klang so schön, ungefähr so!“ Und alle Kinder singen die jeweilige Art des Singens hoch oder tief in der Stimmfärbung oder summend beim „mmh“ mit.

Kinderwaldlied

Melodie: I love the flowers
Text und Bearbeitung: Unmada (Manfred Kindel),
http://manfred-kindel.de/unmada

So singen die Waldgeister das Kinderwaldlied:
Trolle: tief und ruppig, am Ende bomdi, bomdi ...
Blumenelfen: ganz hoch
Waldengel: mmh (summen)
Schlangenfeen: geheimnisvoll flüsternd, am Ende: kssss, ksssss ....
Zwerge: Nase zu
Riesen: ganz laut mit Klatschen!

Weitere Strophen:
2. Ich mag die Käfer, ich mag den Schmetterling,
ich mag die Stöcker, die ich nach Hause bring'.
Ich mag das Eichhörnchen, die Vögel hier im Wald ...

3. Ich mag Kastanien, ich mag das weiche Moos,
ich mag die Eicheln, ich liebe Beerenmus.
Ich mag das Eichhörnchen, die Vögel hier im Wald ...

4. Ich mag das Wasser, ich mag das Labyrinth,
die Buschwindröschen, die hier zu Hause sind.
Ich mag das Eichhörnchen ...

Damit der stimmlich variable Reiz von den Kindern auch erfahren werden kann, ist es ein unbedingtes Muss, die Gewürze der Musik bei diesen beiden Liedern mit einzubeziehen.

6.5.2 Lied- und Sprechchoreinführung

Der Grundgedanke

Eine „klassische" Lied-, Sprechvers- oder Sprechchoreinführung beruht meist auf dem Vor- und Nachsingen/Nachsprechen der Texte. Diese werden durch das Mitklatschen unterstützt oder durch ein einfaches Instrumentalspiel begleitet. Zum Teil finden auch kleine Rollenspiele bei der Erarbeitung statt.

Was sollte man wissen?

Der bekannte Weg der Lied-, Sprechvers- oder Sprechchoreinführung „Zuerst den Text lernen, damit man dann Musik – im Sinne des Singens aber auch des Sprechens – machen kann", ist in meinen Augen fragwürdig. Ich bevorzuge ein „interpretatorisches Singen oder Sprechen" von Anfang an. Nachfolgend sind andere Alternativen zur Einführung von Liedern oder Sprechchören aufgeführt, die für die Kinder, aber auch für die Erzieher/innen sehr reizvoll sein können.

Spiele aus der Praxis

Sprechchor: „Die Stubenfliege" in Verbindung mit spielerischer Stimmbildung

Mit Hilfe der Methode des Echokataloges wird eine Vorgeschichte erfunden, die zum einen Textteile und Sprachrhythmisierungen der „Stubenfliege" beinhaltet, zum anderen Inhalte aus der spielerischen Stimmbildung einfließen lässt. Hierdurch wird die Stimme angewärmt, der Text „unbemerkt" vorgearbeitet und rhythmisch schwierigere Passagen trainiert. So kommt es zu einem amüsanten Jagen der Fliege, die manchmal auf der Nasenspitze des Nachbarn sitzt oder vor einem auf dem Boden. Im Sinne eines körper- und stimmorientierten improvisierten Spiels werden Bewegungen wie das Anschleichen, aber auch das Ausholen mit der Hand, um die Fliege zu fangen, sowie Stimmspiele – z. B. ein „ssss" für die entkommende Fliege – eingebaut. Anschließend kommt es zum Echosprechen des Textes, jedoch sofort in einer interpretatorischen Form.

Die Stubenfliege

Text und Musik: Herbert Fiedler

Auf ein Mar - me - la - den - glas Ha!
Auf ein Mar - me - la - den - glas Ho!
cresc.
Und? Was glaubt ihr wohl, was dann los war? Was
glaubt ihr wohl, was dann los war? Was glaubt ihr wohl, was
dann los war? Was glaubt ihr wohl, was dann los war? Na
was? Sie kleb - te, sie kleb - te, sie
bleb - te ganz ganz fest! Sie kleb - te, sie kleb - te, sie
kleb - te, ganz ganz fest! Sie kleb - te, sie kleb - te, sie
kleb - te ganz ganz fest! Sie kleb - te Sie kleb - te, sie
kleb - te ganz ganz fest! Sie zap - pel - te, sie zap - pel - te mit
Ih - ren Bei - ne sech - se, sie zap - pel - te sie zap - pel - te mit
ih - ren Bei - ne sech - se, dann fün - fe, dann

vie-re, dann drei-e, dann zwei-e Dann?
G Em C D7 G
Ach, wie scha - de um die Mar-me - la - de!
Hm Em Am D7 G
Ach, wie scha - de, um die Mar-me - la - de.

„Geschichte als Introduktion"

Das Kinderlied „Immer ist irgendwas weg" von der Gruppe Spunk (Gerd Müller), lässt sich gut über folgende Szene einführen: Wenn alle Kinder anwesend sind, verlässt man für zwei Sekunden den Raum, um beim Zurückkehren z. B. Folgendes zu äußern: „Hey Kinder ist es wahr? Das gibt's doch gar nicht, oder? Also könnt ihr mir sagen wo meine Schlüssel sind?

Immer ist irgendwas weg **Text und Musik: Gerd Müller, www.spunk-musik.de**

2. „Wo ist denn meine Brille hin? Da hört doch auf der Spaß!"
Da lacht der Opa: „Omama, du hast sie auf der Nas'!"
So geht es alle Tage …

3. „Wo ist der Autoschlüssel hin?" Der Vater flippt fast auch.
Die Uhr zeigt schon fünf vor acht, und er muss aus dem Haus.
So geht es alle Tage …

4. „Wo sind denn nur die Kinder hin?" Die Mutter ruft: „Oh weh!"
Die sind doch gestern weggefahr'n mit Papi an die See!
So geht es alle Tage …

Die Einführung kann ruhig sehr dramatisch gestaltet werden: „Ach, so was! Also meine Schlüssel, meine Schlüssel sind weg! Was ist das nur für ein Tag! Heute morgen erst … und dann später noch viel schlimmer…! Kennt ihr auch solche Tage oder habt ihr auch schon geglaubt, dass ihr was verloren habt und es dann plötzlich wieder gefunden?" Die Kinder erzählen dann sehr häufig über verlorene und wieder gefundene Spielsachen oder darüber, was ihren Eltern(!) schon so passiert ist. Diese Informationen lassen sich dann gleichzeitig sehr gut in das Lied, durch selbst getextete Zeilen, integrieren.

„Nonverbale Liedeinführung"

„Sag mal ja ohne Worte" ist ein Kinderlied des Nürnberger Liedermachers Rainer Wenzel. Schon der Titel selbst zeigt auf, dass es für eine nonverbale gestische und mimische Liedeinführung sehr gut geeignet ist. Es ist für Kinder eine tolle Erfahrung und für Erzieherinnen meist eine spannende Herausforderung, im Vorfeld der Liedeinführung in ein gemeinsames nonverbales Gespräch zu kommen und zu versuchen, einmal zehn Minuten ohne Stimme auszukommen und sich doch verstehen zu können. Für diese Situation sollten im Vorfeld einige Gesten inklusive der Mimik geklärt werden. Wie könnte man z. B. zeigen: „Komm mit!", „Mir geht es gut!", „Keine Ahnung!"?

Sag mal JA ohne Worte **Musik und Text: Rainer Wenzel (auf CD „Kaakuuri, der Zaubervogel" www.rainerwenzel.de)**

Sag mal Ja ohne Worte, sag mal Nein ohne Worte,
sag mal Bitte ohne Worte, sag Komm her ohne Worte.
Zeig mir mal, wie groß du bist!
Und wie klein kannst du dich machen?
Ja du kannst schon viele Sachen,
und wer kann mal ganz laut lachen?

Sag Geh weg ohne Worte
Sag Ich will nicht ohne Worte
Sag Ich mag dich ohne Worte
Sag Ich bin stark ohne Worte
Sag mal Ja … und wer kann mal ganz quietschig lachen?

Sag Mich friert's ohne Worte
Sag Ich schwitze ohne Worte
Sag Ich hab Durst ohne Worte
Sag Ich hab Bauchweh ohne Worte
Sag mal Ja … und wer kann mal wie ‚ne alte Hexe lachen?

Sei mal wütend ohne Worte
Sei mal traurig ohne Worte
Sag Ich hab Angst ohne Worte
Sag Ich freu mich ohne Worte.
Sag mal Ja … und wer kann noch mal ganz laut lachen?

Liedeinführung mit Gesten und Bewegungen

Es gibt viele Kinderlieder, die zur Unterstützung und zum „besseren" oder „schnelleren" Lernen mit Gesten, mit Bewegungen illustriert sind: „Zwei kleine Matrosen", „Mein Hut der hat drei Ecken" oder auch „Imse, Wimse, Spinne". Die Liederarbeitung erfolgt hier meist über den Text in Verbindung mit den unterstützenden Bewegungen. Im Sinne einer Modifizierung wäre es möglich, den Kindern zunächst ausschließlich die Bewegungen zu vermitteln, um dann sogar soweit zu gehen, nicht das dazugehörige Lied zu singen, sondern anhand der erlernten Bewegungen eine eigene Geschichte und/oder ein eigenes Lied zu erfinden.

„Worte zusammenklauben"

In diesem Spiel wird der Text eines Liedes oder eines Verses beim Herumgehen um die im Raum verteilten Kinder so leise flüsternd weitergegeben, dass nur die Kinder im engsten Umkreis die Worte verstehen können. Nach zwei bis drei Wiederholungen versuchen alle gemeinsam, den Text zusammenzubauen. Dies geschieht sofort mit einer interpretatorischen Gestaltung. Noch fehlende Textstellen werden durch Wiederholungen ergänzt, wobei der/die Anleiter/in die Worte bzw. Sätze, die dann schon bekannt sind, etwas lauter spricht, den Rest jedoch so leise wie zuvor. Um möglichst viele Wiederholungen einbauen zu können, ist es hilfreich, besonders wichtige Worte oder die Lösung eines Rätsels immer wieder so leise auszusprechen, dass es den Kindern, die gespannt dem Lösungswort entgegenfiebern, nicht möglich ist, dies zu verstehen. Ist der fehlende Teil schließlich gefunden, steht im Regelfall der komplette Text und kann von den Kindern gesprochen oder gesungen werden.

„Räumliche Gestaltung – Licht – Musik"

Besondere Atmosphären erzeugen nicht nur bei Erwachsenen besondere Gefühle. Nutzt man die Möglichkeiten des Raumes in seiner Gestaltung in Verbindung mit seinen Lichtverhältnissen und/oder einer zusätzlichen Geräusch- und Klangkulisse, können immer wieder neue und individuelle Atmosphären entstehen, die das Lernen, einen Wechsel der Konzentrationsebenen oder ein geschicktes Einbetten von Inhalten unterstützen.

So ist es für die Kinder viel spannender und interessanter, wenn sie beim Erlernen eines Liedes, Verses oder Sprechchores auf einem Tisch stehen oder durch eine Geräusche-CD eine zusätzliche Klang-Atmosphäre geschaffen wird.

„Interpretatorisches Sprechen und Singen"

Bei der Einführung eines neuen Kinderliedes wird den Kindern die erste Strophe singend vorgestellt. Im Anschluss daran besprechen alle gemeinsam den gehörten Inhalt und entwickeln eine interpretatorische Gestaltung. Das Lied „Paula" (siehe unten) von Manfred Kindel beispielsweise erzählt von einem sommersprossigen Mädchen mit einer Schatzkiste. Paula ist in den Augen der Kinder häufig frech und hat Ähnlichkeiten mit Pippi Langstrumpf. Also überlegen alle, wie man frech singen kann. Meist ergibt sich dadurch auch ein lebendigeres Tempo. Die gestaltete Strophe singen dann alle gemeinsam, danach wird die nächste Strophe wieder allein vorgestellt. Die Kinder erlernen auf diese Weise schnell den Text und interpretieren bzw. gestalten jede Strophe passend zum Inhalt des Textes von Neuem. So ergibt sich ein interpretatorisches Singen und Musizieren von Anfang an.

Paula **Text und Musik: Unmada (Manfred Kindel), http://manfred-kindel.de/unmada**

2. Eine olle Entenfeder
und ein Stückchen grünes Moos
zwei zerbroch'ne Feuersteine
und ein Stöckchen gar nicht groß.
Mensch, das sollen Schätze sein,
alle Schätze dieser Welt?
Es gibt keine Diamanten,
ist kein Gold drin und kein Geld.

3. Nur 'ne olle Entenfeder
und ein Stückchen grünes Moos,
zwei zerbroch'ne Feuersteine
und ein Stöckchen gar nicht groß.
Doch die Schätze sind verborgen,
mit ein bisschen Fantasie
können wir sie leicht entdecken,
aber wie, aber wie?

4. Paulas erster Schatz heißt Lachen,
Balgen, Toben, Kitzeln, Schrein.
Das kann die Entenfeder machen,
was wird das Moos für'n Schatz
wohl sein?
Das kann sie an der Wange reiben
und dann wird das zart und weich.
Der zweite Schatz in Paulas Kiste
die Zärtlichkeit macht alle reich.

(5 wie 3)

6. Mit den Steinen macht sie Feuer,
Wärme gibt es uns und Schutz.
Sie kann im Sand Gesichter malen,
doch wofür wird der Stock benutzt?
Damit schlägt sie auf der Trommel
bis ein jeder tanzt und singt,
Paulas Schätze in der Kiste
kann verstehen nur ein Kind.

(7 wie 3 – am Ende jedoch:
... und jetzt wissen wir auch wie!

6.5.3 Liederwerkstatt

Der Grundgedanke

Eine Liederwerkstatt bietet viele Möglichkeiten, mit Kindern experimentell, improvisatorisch, interpretatorisch oder kompositorisch zu arbeiten. Hierdurch wird ihre Stimmerfahrung und ihr Sprachschatz erweitert, ihre Gestaltungskreativität gefördert und die „Architektur“ von Musik erfahren, durch die Praxis „be-griffen“ und im erlebten eigenen Prozess auf Neues übertragen.

Spiele aus der Praxis

„Liedtexte spontan improvisieren“

Ausgehend von den Liedern „Immer ist irgendwas weg“ (siehe S. 114) der Gruppe Spunk (Gerd Müller), kann man mit Kindern über die Missgeschicke ihres Alltags sprechen und diese in Strophentextform spontan mit den Kindern improvisierend in das Lied einbetten (siehe auch 6.5.2 Lied- und Sprechchoreinführung „Geschichten als Introduktion“).

„Improvisierte Liedentwicklung“

Alle Kinder gehen durch den Raum und summen frei improvisierte Melodien. Diese Improvisationen wiederholen sie so oft, bis sie beginnen, diese als „Mini-Lied“ zu fixieren. Durch die Vorgabe „weniger ist mehr“, entstehen so meist kleine motivische Bausteine, die man mit ihnen „zusammenklebt“, indem man die Ideen von mehreren Kindern zusammenfasst. Das Ergebnis ist eine kleine Melodielinie, die nun in ihrer Abfolge geklatscht wird, um hierdurch den Melodierhythmus zu erfahren. Zur Verankerung wird die Melodie mitklatschend einmal laut und einmal in sich gesungen. Im Anschluss daran spricht man über die Wirkung dieser Melodie und sammelt die Eindrücke der Kinder, die nun als Text in eine rhythmisch passende Sprechform auf ihren Melodierhythmus übertragen werden. Ist der Text den Kindern vertraut, kann schließlich das neu komponierte Lied gemeinsam gesungen werden.

Variante:
Das neue Lied entsteht nicht zuerst über eine Melodie, sondern über einen Text. Die Kinder bekommen die Aufgabe, zu einem bestimmten Thema/Motto Textbausteine zu sammeln, die anschließend zu einer kleinen Strophe zusammengefasst werden. Jetzt wird über die Wirkung des Textes gesprochen, der mit Hilfe der Improvisation kleine Melodieverläufe auslöst.

„Liederreise"
Ausgehend von einem Wanderlied wie beispielsweise dem Volkslied „Das Wandern ist des Müllers Lust", beginnt man mit den Kindern eine Reise, in deren Zentrum immer wieder dieses Lied steht. Beim Wandern entsteht dabei eine spontane Geschichte, in der andere Lieder eine Rolle spielen, z. B.: „ … und als ich so wanderte, traf ich doch glatt einen Elefanten, der sich ebenfalls auf einer Reise befand. So wanderten wir eine Weile zusammen und er sang mir sein Lied vor". Es folgt „Ein Elefant wollt' bummeln geh'n" (von Wolfgang Kabitz) aus dem Buch „Budenzauber". Hierdurch entsteht eine Abfolge von Geschichten, Liedern und dem verbindenden „Reiselied". Aus dieser Grundidee ergeben sich viele Varianten.

6.5.4 Begrüßungs-, Abschiedslieder und Rituale

Der Grundgedanke
Das Singen eines Begrüßungsliedes ist ein gängiges Eröffnungsritual beim Musizieren mit Kindern. Häufig zeigt sich jedoch, dass die Kinder zu Beginn noch nicht „anwesend" sind. Ihre Stimmen sind zum Singen noch nicht angewärmt und das „äußere" und „innere" Ohr noch nicht für das Musizieren sensibilisiert. Variantenreiche Eröffnungs- bzw. Abschiedsrituale sind daher wichtig, denn sie machen die Kinder neugierig und fördern damit unterschiedliche Konzentrationsebenen „von Anfang an".

Was ist wichtig?
Wiederholende Eröffnungen prägen die Kinder. Es entstehen Rituale, die ihnen (sprichwörtlich) einen „Haltepunkt" und damit Sicherheit geben. Aus dieser Überlegung heraus sollte ein solches Ritual nicht einfach nur

durchgeführt werden, sondern die Fragen über Wie?, Wann und Warum? stehen im Mittelpunkt. Variantenreiche Eröffnungen bedeuten von daher nicht ständig wechselnde Formen, sondern hier geht es darum, bekannte Rituale immer wieder zu modifizieren. Die „pure“ Wiederholung verleitet die Kinder nicht zwingend dazu, eine Eröffnung zu erleben, sondern sie verschieben teilweise sogar ihr Ankommen auf danach, im Sinne: „Das kenn ich!“. Wie also anfangen? Vielleicht mit einem kleinen Warming-up? Und wie könnte dieses aussehen?

Spiele aus der Praxis

Begrüßungsgesten

Der Einsatz von Begrüßungsgesten eröffnet u. a. folgende Möglichkeiten:

- Das Herstellen einer Verbindung von Namen und Geste, die anschließend von allen imitiert wird.
- Es wird statt des eigenen Namens eine Geste als „Ersatz“ gezeigt, die in den Folgestunden im Sinne einer Bewegungserinnerung, auch durch die anderen Kinder, „pur“ wiederholt wird.
- Die Erzieherin malt ein von dem jeweiligen Kind zu imitierendes Zeichen als individuelle Begrüßung in dessen Hand, in die Luft oder auf den Boden.

Begrüßungsklänge

Anstelle von Begrüßungsgesten können auch Begrüßungsklänge zu dem jeweiligen Namen des Kindes gewählt werden. In den Folgestunden würden dann die Klänge in Erinnerung gerufen werden müssen.

Begrüßungstänze

Es gibt ebenso die Möglichkeit, anstelle eines Begrüßungsliedes einen Begrüßungstanz als Ritual zu nehmen. Hier könnte eine kleine Einführung über eine Dispositions- bzw. Körperarbeit stattfinden. Aber auch ein sensibler Weg über die Körperwahrnehmung wäre als Warming-up denkbar (siehe auch Kapitel 6.4 „Körperwahrnehmung, Körperarbeit und Körperschulung als Grundlage in der musikpädagogischen Arbeit“). Dabei ist es für Kinder wunderschön, wenn ihr selbst entwickelter Tanz als Begrüßungsritual eingesetzt wird.

Begrüßungssprachen

Auch ein Begrüßungslied, das diverse sprachliche Begrüßungsworte bietet, ist eine schöne Möglichkeit, mit Kindern eine Stunde zu eröffnen. Im Anschluss daran könnte man in die verschiedenen Musikkulturen oder Epochen etc. eintauchen.

Da sich in vielen Kindergruppen Kinder unterschiedlicher Herkunft befinden, ist es natürlich genauso wichtig, ihre Sprachen und/oder Rituale mit einfließen zu lassen und daraus beispielsweise einen Sprechvers zu entwickeln, der dann das das Begrüßungslied ersetzt oder ergänzt.

Bodypercussion

Über den Weg, seinen Körper abzuklopfen, ihn auszustreichen oder zu massieren, geht es in eine kleine Bodypercussion-Sequenz (eventuell auch von den Kindern angeleitet), die als eigenständiges Warming-up und als Ritual eine anschließende metrische und rhythmische Arbeit vorbereitet (siehe auch Kapitel 6.2 Bodypercussion).

Der Echokatalog

Eine spielerische Möglichkeit eines „Warming-ups" für die Stimme – sei es für einen Begrüßungssprechvers oder ein -lied – ist der sogenannte Echokatalog (siehe auch Kapitel 6.1 Echokatalog). Über das Vor- und Nachmachen wird der Körper „disponiert", erwärmt, das Ohr für Klänge, Tonhöhen etc. sensibilisiert und die Stimme über verrückte Laute bzw. Sätze oder auch experimentell mit Hilfe spielerischer Stimmbildung herausgefordert.

6.6 Hören

Ein wichtiger Aspekt *mehrdimensionalen* Hörens und Erlebens, das 3D-Hören (Begriff Herbert Fiedler)*, ist in meiner praktischen Arbeit mit Kindern eine Überprüfungsmethode, die Kinder selbstständig anwenden können.

*Vgl. ausführlich zu diesem Thema Herbert Fiedler: „Heute schon gesungen? Warum und wie Singen bildet", Kindergarten heute 2/2006, S. 6–15; Ders. u. Barbara Schultze: „Wahrnehmung – Praxisbeispiele aus der Musik in Bezug auf das Hören" in: Jahrbuch der Akademie Remscheid 2006, S. 19–24.

So nimmt die Hälfte der Kindergruppe eine Zuschauer- bzw. Zuhörerrolle ein, während die andere Hälfte ein Lied singt. Der Wechsel zwischen eigenem Handeln und der Beobachtung von außen ist für die pädagogische Arbeit mit Kindern ein wichtiges Kriterium. Zu hören, zu spüren und zu erleben, welche Unterschiede es beim Singen bzw. generell beim Musizieren gibt und diese Unterschiede mit Hilfe spezifischer Fragestellungen zu erarbeiten, dient einer ganzheitlichen pädagogischen Arbeitsweise. Die Kinder lernen auf diese Weise, unterschiedliche Hör-Eindrücke mit Worten zu beschreiben und zu benennen. Hierdurch entwickeln sich persönliche Vorlieben und Neigungen und die Kinder lernen Vergleiche zu ziehen – ein Weg zur individuellen Persönlichkeitsbildung – und dies nicht nur im musikalischen Bereich.
Wenn man „nur" in der eigenen Handlung bleibt, dann fehlt der Spiegel bzw. das „Ohr von außen", das eine intensivere Selbstwahrnehmung ermöglicht. Dementsprechend ist die Sensibilisierung des Gehörs eine wesentliche Grundlage für die Entwicklung musikalischer Fähigkeiten und Fertigkeiten. Die Entwicklung der auditiven Wahrnehmung führt zu musikalischer Empfindsamkeit. Das äußerliche Hören und Lauschen wird so mehr und mehr zu einem inneren Klangeindruck, zu einer inneren Klangvorstellung und kann wiederum zu einem musikalischen Ausdruck führen – sei es mit der Stimme, mit dem eigenen Körper als Instrument oder auch mit unterschiedlichen Instrumenten. Auf diese Weise entwickelt sich ein mehrdimensionales (inneres, äußeres und in einem zeitlichen Kontext stehendes) Hören und Erleben. Der Austausch über das Gehörte und über das gemeinsam in der Gruppe Erlebte führt zudem zu neuen kommunikativen Erfahrungen der Kinder untereinander. Der sensible Umgang mit Körper, Stimme und Bewegung, verbunden mit einer differenzierten Wahrnehmungsschulung, fördert nicht nur die sprachliche und generelle Ausdrucksfähigkeit der Kinder, sondern wirkt sich förderlich auf ihre gesamte persönliche Entwicklung in allen Lebens- und Lernbereichen aus.

6.6.1 Hören, Zuhören, Richtungshören

Der Grundgedanke

„Hören“, ob bewusst oder unbewusst, findet immer statt, selbst im Schlaf – anders als die Augen können wir die Ohren nicht schließen. So erleben wir tagtäglich die Geräusche, Klänge, die uns umgeben. Wir hören das Pfeifen der Vögel oder das Lachen von Kindern. Wir hören die Schritte im Treppenhaus oder Musik, die aus irgendeinem Zimmer kommt. Dieses Hören findet meist unbewusst statt. Richten wir aber unsere Aufmerksamkeit auf das Hören, dann erkennen wir beispielsweise, welche Vögel gerade singen, welches Kind gerade lacht, wer im Treppenhaus kommt oder welches Musikstück gespielt wird.

Zuhören und lauschen

Meist ist das Hören ein unbewusster Prozess. Wir nehmen Klänge, Geräusche oder Musik auf, ohne sie näher zu beleuchten. Wollen wir dies jedoch tun, so setzen wir gezielte Aufmerksamkeiten. Wir wollen sprichwörtlich die Ohren wie die Augen öffnen. Wir hören den Klängen, den Geräuschen oder der Musik nach und kommen so von einem Hören in ein gerichtetes Hören, ein Zuhören. Dieses Zuhören kann von unterschiedlicher Intensität sein, wie zum Beispiel in einem Gespräch. Nehme ich nur den Inhalt eines Gespräches auf oder höre und spüre ich dabei auch den Stimmklang, die Stimmfarbe der Sprecher? So kann ein intensives Zuhören in eine Form des Lauschens führen. Wir alle kennen ein solch intensives Hören, wenn wir beispielsweise an einer Tür lauschen. Wir lassen die Ohren „sehend“ werden!

Stille hören

Innerhalb des unbewussten Hörerlebens erfahren wir häufig das Phänomen der Reizüberflutung, sei dies in Einkaufszentren oder aber auch im Kitaalltag. Hier löst der permanente Reiz von Hörbarem beispielsweise innere Unruhe, Gereiztheit oder auch Hektik aus. Insofern sollten Momente der Ruhe, der Stille, „Hörpausen“ oder „Stille lauschen“, zum Alltag der Kinder gehören. Hier stellt sich für die Kinder aber auch generell die Frage: „Gibt es Stille?“

Richtungshören

Neben dem Erleben von „Stille“ ist das Richtungshören ein wichtiges Trainingsfeld für die (musik-) pädagogische Arbeit mit Kindern. Schon nach der Geburt lauschen die Babys dem Stimmklang der Mutter oder des Vaters nach und wenden sich diesem Klang zu. Er bietet ihnen Vertrautheit, gibt aber auch Orientierung.
Ein guter Weg, Kinder in einen aktiven Prozess des Hörens zu führen, beginnt mit einer Phase der Stille. Der Stille zu lauschen erfordert Konzentration und Ruhe, die Basis für Spiele zum Richtungshören.

Was ist wichtig?

Das Themenfeld „Hören/Zuhören/Lauschen“ mit Kindern zu erarbeiten benötigt Zeit, Ruhe und Kontinuität. Die Praxisbeispiele führen mit der Zeit in ein sensibleres und differenzierteres Hören, also ein zielgerichtetes Zuhören oder Lauschen. Beim Erarbeiten der Spiele kann man jedoch feststellen, dass die Kinder je nach Tagesform – damit ist in besonderer Weise ihr Empfinden, ihre Emotionalität und ihr Konzentrationsvermögen in der Ist-Situation zu verstehen – sehr unterschiedlich zuhören. An dieser Stelle mit den Worten „falsch“ und „richtig“ zu agieren ist ebenso fragwürdig wie auch ein „Hör mal genau zu!“ oder „Hör doch mal genau hin!“. Grundsätzlich können und wollen Kinder zuhören.
Wenn sie dazu jedoch nicht bereit oder in der Lage sind, wäre es wichtig, das „Warum?“ zu klären und ihnen Lösungsmöglichkeiten aufzuzeigen. Nur ein Wiederholen mit dem Satz „Hör noch mal genau hin!“ hilft nicht, da sie genau das in der Regel tun. Ihnen fehlt zum Teil die Orientierung, beispielsweise „worauf sie genau hören sollen“. Die Art und Weise des Setzens von Aufmerksamkeiten, die Kontinuität und das Zeit geben, ist entscheidend für das Lernen des Zuhörens.
Ein weiterer kritischer Punkt ist das „Abschalten“, das durch vordergründiges „Kennen“ und „Können“ hervorgerufen werden kann. Aufgrund der Tatsache, dass Kinder mit der Zeit die Spiele zum Zuhören kennen und lösen können, kann es zu „Nachlässigkeiten“ kommen. Hier gilt es, mit immer wieder neuen Modifikationen und Varianten die Spannung zu erhalten, denn

beim Hören von Musik ist es ähnlich wie mit dem Tastsinn: Lassen wir einen Apfel mit geschlossenen Augen ertasten, wird der Apfel meist dann weitergegeben, wenn man ihn als solchen erkannt hat. Wir schalten ab! Fragt man im Anschluss nach den Besonderheiten dieses Apfels, hat er z. B. einen Stengel, eine Delle etc., stellt man mit Erstaunen fest, dass man es nicht weiß. Dies passiert in ähnlicher Weise beim Hören von Musik. Kennt man das Stück, dann .... Man sollte sich ein Stück „inneres Staunen" behalten, das einen immer wieder zurück auf den Weg des Zuhörens und Lauschens führt.

Spiele aus der Praxis

Spiele, die Kinder zum gezielten Hören einladen, also Spiele zum Zuhören bzw. zum Lauschen mit Kindern, könnten folgende Kategorien beinhalten:

- „Stille erleben" und „aushalten"
- Richtungshören
- Geräusche und Klänge im Alltag unterscheiden
- Raum hören
- Gewürze der Musik unterscheiden können
- Instrumente, Schlegel und Spielweisen erkennen
- Melodien und Lieder erkennen
- Der Musikwelt lauschend begegnen
- Mehrstimmigkeit erleben
- Hoch und Tief in der Musik

Stille erleben und aushalten, Stille „lauschen"

Sprechen wir mit Kindern darüber, ob es „Stille" gibt, kommt meist die Antwort: „Ja!" Doch wo können wir sie finden bzw. ihr begegnen?
„Jetzt nichts sagen!", ist ein Lösungsvorschlag der Kinder. Wir schweigen! „Schweigen" ist also ein Verwandter der Stille. So können wir ebenso mit dem Körper wie der Stimme schweigen oder eben still sein.
Das Spiel „Stille lauschen" beginnt.
Und wie lange halten wir das aus? Nach einiger Zeit, meist so nach 20–35 Sekunden, beginnt eine leichte Unruhe. Die Bewegungen und damit das

Rascheln von Kleidung nimmt zu, ein Räuspern ist zu hören, die Finger beginnen sich zu reiben oder fangen an zu „laufen". Die Geräuschkulisse wird immer größer. Nach ca. einer Minute wird es deutlich unruhig. Und diese Zeit kommt den Kindern immens lange vor. Wiederholt man jedoch das Spiel „Stille lauschen" des öfteren, dann halten die Kinder diese Stille deutlich länger aus, ja sie entwickeln eine Vorliebe und entdecken den Reiz der Stille. (Das gleiche Phänomen ist ebenso bei Erwachsenen zu beobachten.)
So erfahren die Kinder, dass es keine „wirkliche" Stille gibt. Diese wäre, wenn überhaupt, nur in schalltoten Räumen zu erleben. In einem Studio oder im Weltall. Aber selbst in schalltoten Räumen, wie beispielsweise in einem Studio, wäre es nur eine „äußere Stille", denn in solchen Räumen beginnt man seinen eigenen Körper ganz anders wahrzunehmen. Man hört seinen Herzschlag oder gar das Blut pulsieren.
Der Reiz des Spiels „Stille lauschen" liegt jedoch darin, dass die Kinder in eine ruhige, quasi „geleerte" Konzentrationsebene geführt werden können, die dann neu „gefüllt" werden kann.

Richtungshören

„Geräusche/Klänge innerhalb und außerhalb des Raumes"

Über das Spiel „Stille lauschen" kann man gut auf die Klänge im Alltag der Kinder zu sprechen kommen. Beim Entwickeln dieses Spiels legt man die Aufmerksamkeit nicht mehr bewusst auf die „Stille", sondern man lässt die Kinder auf die Geräusche/Klänge, die im Raum zu hören sind, achten. Das verführt sie zum Teil dazu, kurze eigene Geräusche mit „unterzubringen". Dies sollte man nicht zwingend unterbinden. Denn das Erleben, ob diese Geräusche gehört werden, ist für die Kinder sehr spannend, und sie dazu zu verführen, ihre Geräusche wiederholen zu können, eine Herausforderung. (So könnte man mit solchen Klängen ein kleines „Geräusche-Musikstück" entwickeln.)
Dann lässt man die Kinder die Geräusche/Klänge außerhalb des Raumes hören. In beiden Fällen ist es wichtig, mit ihnen über ihre Hörerlebnisse zu sprechen. So lernen sie Unterschiede zu verbalisieren und sensibilisieren hierdurch ihre Wahrnehmung beim Zuhören.

„Raum hören"

Die Aufmerksamkeit der Kinder sollte auch auf den Raumklang gelenkt werden.
Wie klingen die einzelnen Räume in unserer Kita?
Klingen sie sehr ähnlich oder unterschiedlich?
Könnte man sie wieder erkennen?
Wenn man an unterschiedlichen Stellen im Raum musiziert oder singt, klingt das gleich oder unterschiedlich?
Wie klingt es, wenn man ganz dicht zusammen im Raum musiziert oder singt und wie klingt es, wenn alle weit auseinanderstehen?

„Gewürze der Musik unterscheiden können"

Die Gewürze der Musik unterscheiden zu lernen und mit der Zeit diese immer mehr selbst zu formulieren, um sie im Anschluss zu überprüfen, ist in meinen Augen ein übergeordneter, wichtiger Prozess, der ständig in die musikpädagogische Arbeit mit einfließen sollte. So werden auf der einen Seite „Wiederholungen" ständig variiert und auf der anderen Seite die Gewürze nuancenreicher definiert. Dies findet in kleinen Gesprächsrunden statt oder aber auch in kleinen „Teams". Diese Teams entwickeln eine kleine Abfolge von Möglichkeiten, die alle ausprobiert und von dem betreffenden Team überprüft werden. Dann wird gewechselt.
Im Vorfeld helfen offene Fragen beim Entwickeln von Möglichkeiten: „Wie wollen wir das Lied beim nächsten Mal singen, etwas lauter oder leiser?" Oder auch: „Etwas schneller oder langsamer, hüpfend oder die Worte aneinander geklebt?" Kombinationen jeglicher Art sind erwünscht.

„Instrumente, Schlegel und Spielweisen erkennen"

Nach dem Einführen von Small-Percussion, klingenden Stäben, Handtrommeln oder verschiedener Schlegel etc. und einem experimentellen Umgang damit, in dem verschiedene „Spieltechniken" erprobt wurden, können daraus kleine Höraufgaben entstehen – mit mehreren Instrumenten, aber beginnend natürlich auch schon nach der Einführung nur eines Instrumentes. Fragen helfen Kindern, das instrumentale Spiel immer differenzierter zu hören und zu erleben:

- Wie heißt das Instrument, das jetzt (nicht sichtbar) gespielt wurde?
- Wie heißen die Instrumente, die gespielt wurden und in welcher Reihenfolge wurden sie gespielt?
- Wissen wir auch noch die Zutaten der Gewürze hierzu?
- Mit welchem Schlegel wurde das Instrument gespielt? Hatte er einen Filz-, Holz- oder Gummikopf?
- Wurde das Becken am Rand oder an der Glocke (die innere Erhöhung) gespielt?
- Wie wurde mit dem Instrument musiziert?

„Musik aus allen Himmelsrichtungen hören"

Musikhören findet häufig in einer „klassischen" Anordnung statt: Hörende und Musikquelle (CD, musizierende Kinder o. Ä.) befinden sich einander gegenüber. Diese Situation zu verändern, bietet viele faszinierende Hörerlebnisse.

- Wie klingt es, wenn die Kinder im Kreis um die musizierenden Kinder sitzen? Die Musik findet also innerhalb des Kreises statt.
- Wie klingt es, wenn die Musik außerhalb des Sitzkreises stattfindet?
- Wie klingt es, wenn Kinder musizierend um den Kreis herumgehen?
- Und wie klingt es, wenn die Musik unter oder über einem erklingt? Z. B. unter einer zweiten Raumebene wird musiziert und die Zuhörer sitzen oben, oder umgekehrt.
- Wie klingt es, wenn die musizierenden Kinder sich entfernen und wieder zurückkommen oder durch den Kreis gehen?
- Und wie, wenn die Zuhörer um die Musik sehr leise „spazieren" gehen?

Diese und andere Hörerlebnisse, die natürlich beliebig variiert werden können, sind für Kinder äußerst spannend.

Musikwelten begegnen

Für Kinder ist es wichtig und spannend, der Vielfalt der musikalischen Welten zu begegnen: der Klassik mit ihren Epochen, dem Jazz, der Rock- und Popmusik, wie auch der Kinderliedermacher-Szene oder der Musik anderer Kulturen. Hierfür ist das Hören und Sammeln von unterschiedlichen Musiken im Vorfeld notwendig. Hintergrundinformationen sollten das Musikhören der Kinder vertiefen: „Was passierte in dieser Zeit, wie musizierte man und wie wurde komponiert?". So hören und erfahren die Kinder Spannendes aus der Welt der Musik und lernen Musikstücke und ihre Motive kennen. Kinder sind für diesen Weg offen, wenn man sie nicht „verkopft" abholt, sondern eben mit der Musik selbst. Zum weiteren vertiefenden Erleben der Musik können Tänze oder Geschichten zur Musik erfunden werden.

Mehrstimmigkeit erleben

Kinder mit Hilfe von Hörspielen das Erleben und Hören von mehreren Stimmen zu ermöglichen ist eine kleine Herausforderung; z. B. das Erkennen der Stimmen zweier hinter einem Vorhang stehenden Kindern oder das Herausfiltrieren eines Klangstabes oder einer Cabasa, wenn sie im Verbund von sechs weiteren Instrumenten spielen oder nicht spielen u. Ä.

„Sprechverse laut und leise"

Zwei Kinder stehen ein Stück auseinander und sprechen gemeinsam einen Sprechvers. Die anderen Kinder sind „aktive Zuhörer" und schauen die beiden an. Der oder die Anleiter/in dieses Spiels steht hinter der Zuhörergruppe und zeigt abwechselnd auf das Kind bzw. zwinkert dem Kind zu, das jeweils den Sprechvers dann etwas lauter spricht. Die Aufgabe der Zuhörergruppe ist immer, auf das lauter sprechende Kind zu zeigen. Das gleiche Spiel kann natürlich auch singend stattfinden.

„Unterschiedliche Lieder hören"

Hinter einem Vorhang singen zwei Kinder sehr leise zwei unterschiedliche Lieder. „Welche Lieder singen sie?" Können beide gehört und benannt werden?

6.6.2 Hoch-Tief oder Hell-Dunkel

Der Grundgedanke

Die Hörkategorie „Hoch-Tief in der Musik" möchte ich in einem gesonderten Kapitel besprechen, da dieses Thema in der Musikpädagogik mit Kindern ein Spezielleres darstellt und meist in Verbindung mit einer Form der Notation aufgezeigt wird. In diesem „extra“ Kapitel, möchte ich einen ausführlicheren Weg für das Erarbeiten von Hoch und Tief in der Musik mit Kindern aufzeigen, nicht in Form einzelner Spiele, sondern als musikpädagogischer Weg, als Methode.

Was ist wichtig?

Die Schulung der auditiven Wahrnehmung sollte mit der Zeit so weit entwickelt werden, dass Kinder Tonhöhen unterscheiden können. Dabei verwenden sie statt der Begriffe „hoch“ und „tief“ im Regelfall die Begriffe „hell“ und „dunkel“, was tatsächlich viel nahe liegender ist. Über Höraufgaben, wie z.B. Richtungshören oder das Unterscheiden und Benennen von Raum- oder Instrumentenklängen (s.o.), lernen Kinder mit der Zeit auf spielerische Weise, Klangstäbe zu unterscheiden, deren Töne abzunehmen und nachzusingen. So können sie auch den Anfangston eines Liedes gezielt übernehmen.
Wenn man mit Kindern im Vorfeld schon mehrere Klangstäbe eingesetzt hat, heißt das nicht, dass sie diese klar und sicher unterscheiden können. So haben sie zwar schon unterschiedliche Klänge in Tonhöhe und Klangfarbe erlebt, aber das Spiel „Hell-Dunkel“ oder „Hoch-Tief“ ist als Höraufgabe trotz allem neu für die Kinder! Es sollte in seiner unten beschriebenen Konsequenz verfolgt werden, auch wenn man zwischendurch verschiedene und mehrere Klangstäbe gleichzeitig für andere Aufgaben einsetzt.

Spiele aus der Praxis

Nach der Einführung eines Klangstabes (siehe Kapitel 6.7.1 „Instrumenten-Einführung“), bringt man nach einiger Zeit einen zweiten mit. Ich wähle für den zweiten Klangstab, nach vielen Experimenten, welcher Tonabstand mir für die Kinder günstig erscheint, gerne einen Quint-Abstand. Also ein C-G, D-A oder E-H. Den Kindern sage ich: „Ich habe euch heute ei-

nen guten Freund vom ersten Klangstab mitgebracht. Naja, und wie gute Freunde so sind, die wollen gleich aussehen, das gleiche essen und klingen natürlich auch gleich. Stimmt's?" Dabei spiele ich die beiden Klangstäbe nacheinander an.
Natürlich klingen sie nicht gleich und so sprechen wir über den Unterschied. Im Regelfall benennen die Kinder den Unterschied durch Bilder, z. B. „der eine klingt wie die Sonne" (Hohe), „der andere wie der Mond" (Tiefe) oder sie bezeichnen den Unterschied als Hell und Dunkel. Dabei erkläre ich ihnen, dass die Musiker ihre eigene Sprache haben und den hellen Klangstab als „Hohen" und den dunklen Klangstab als „Tiefen" bezeichnen.
Dann spiele ich die beiden Klangstäbe und die Aufgabe ist, beim hellen bzw. hohen Klangstab (ich wähle hier gerne für die Kinder beide Begriffe) fassen sie sich z. B. an die Nasenspitze und beim Dunklen/Tiefen lassen sie die Nasenspitze los. Es zeigt sich, dass die Kinder nicht immer sicher in der Unterscheidung sind. Damit sie dies werden, braucht es Zeit und Kontinuität!
Bei der Ausführung des Spiels „Hell-Dunkel", können die Kinder beginnend abgucken – eine in meinen Augen gute Form des Lernens –, mit der Zeit lasse ich sie die Augen schließen (blinzeln ist natürlich erst einmal erlaubt), dann stelle oder setzte ich sie mit dem Rücken zueinander oder sie liegen auf dem Bauch mit dem Kopf in den Händen. Der Weg führt also über das Abgucken, immer weiter zu sich selbst und damit zur Selbstständigkeit, zu einer Sicherheit des eigenen Könnens. Dabei sollte die zeitliche Dauer 2–3 Minuten nicht überschreiten. Effektiver ist es, dieses Spiel häufiger zu wiederholen als es zeitlich auszuweiten.
Natürlich werden die Klangstäbe nicht immer nur im Wechsel gespielt, sondern auch mehrmals der Eine oder Andere mit unterschiedlich langen Pausen und variierender Dynamik. So ist eine größere Pause ebenso wichtig und spannend wie ein sehr, sehr leises Spielen.
Diese Höraufgabe kann über einen längeren Zeitraum fast wie ein Ritual stattfinden. Den Abstand einer Quinte behält man bei, aber wenn möglich sollte nach einiger Zeit die Quinte selbst in der Tonhöhe variiert werden! Dieser Prozess sollte gut beobachtet werden. Stellt man dabei fest, dass die Kinder immer sicherer sind, beginnt man, den Tonabstand zu verkleinern.

Die Kinder fühlen sich herausgefordert, wenn man die neue Höraufgabe mit den Worten einführt: „Ihr könnt diese beiden Klangstäbe so gut unterscheiden, da muss ich es schwieriger machen. Ich wähle einen anderen Klangstab", und man wählt eine Quarte, also ein C-F, D-G etc. Das Spiel beginnt von vorn. Es kann gut sein, dass manche Kinder sofort sehr sicher sind, andere dagegen müssen sich diesen Tonabstand erst noch „erhören". So geht es weiter, bis die Kinder einen Ganz- und einen Halbtonabstand unterscheiden können.

Dieser Entwicklungsprozess kann bis zu diesem Ziel ein halbes oder dreiviertel Jahr andauern. Jetzt nimmt man einen dritten Klangstab hinzu und es gilt, die Reihenfolge der drei Klangstäbe hörend herauszufinden. Ist diese Aufgabe einmalig gelöst, können die Kinder sofort eine beliebige Anzahl von Klangstäben nach der Tonhöhe sortieren! Auch eine Tonleiter, die man mit ihnen im Vorfeld häufig gesungen hat, können sie mit den Klangstäben legen. Sie finden nach Gehör die passenden Klangstäbe und es findet kein, wie schon häufig erlebt, „malen nach Zahlen" statt. Nicht die mit bunten Punkten beklebten Klangstäbe werden gespielt (aber nicht gehört), sondern das innere Hören kann jetzt nach außen transportiert und übertragen werden. Dieses Ergebnis ist schon mit 4–5jährigen Kindern zu erreichen, bei manchen sogar früher.

6.7 Small-Percussion

Was ist wichtig im Hinblick auf Musik – Anschlagen oder musizieren?

Mit den im Kapitel 6.6 „Hören" angeführten Spielformen möchte ich nicht nur aufzeigen, wie Töne zu unterscheiden, wie der Klang aufgrund unterschiedlicher Schlegel zu differenzieren und wie Richtungshören auch im Sinne von Raumebenen erlebt und erlernt werden kann, sondern wie wichtig das eigene Musizieren für die praktische Arbeit ist. Es geht dabei in meinen Augen nicht darum – und das ist eine innere Einstellung – die Töne „einfach nur" „anzuschlagen", sondern sie für die Kinder zu musizieren! Klangqualität sollte schon beim Spielen, beim Musizieren von Anfang an geschult und sensibilisiert werden. Die Übertragung sollte unabhängig vom Instrument (Klavier, Stimme, Bodypercussion, Small-Percussion etc.) erfolgen, so auch beim Musizieren mit den Klangstäben beim Hoch-Tief-Spiel. Das Erleben und Hören, d. h. das Anlegen der auditiven Wahrnehmung, ist somit von Anfang an mit der inneren und äußeren Bewegungsqualität gekoppelt. Aus diesem Grund ist gerade für eine solche Wahrnehmungsschulung das Wort „anSchlagen" nicht adäquat; selbst das Wort „spielen" in Bezug auf das Instrument kommt der Sache nur näher. Adäquat wäre es für mich zu sagen „ein Instrument zu musizieren".

6.7.1 Instrumenten-Einführung

Der Grundgedanke

Es ist für Kinder ein reizvoller Weg, mit unterschiedlichen Sinnen den Instrumenten zu begegnen. Er funktioniert auch, wenn sie die Instrumente zum Teil schon kennen. Dieser Weg wird über die visuelle und taktile Wahrnehmung eröffnet und führt dann über das Experimentieren mit den Instrumenten zum Musizieren. Es ist aber auch gut möglich, erst mit der auditiven Wahrnehmung zu beginnen und die visuelle und taktile Wahrnehmung im Anschluss daran zu erleben. Des Weiteren gilt es zu klären, wie die Instrumente und Schlegel verteilt werden, d. h. werden sie gereicht, abgeholt oder gibt es Überraschungen? (siehe auch Kapitel 6.7.3).
Dieser Weg der Instrumenten-Einführung verhilft den Kindern:

- die Instrumente visuell, taktil und auditiv wahrzunehmen,
- technische Details kennen und verstehen zu lernen,
- über das Experimentieren, Spielweisen und Spieltechniken zu erproben,
- Bewegungsabläufe zu koordinieren und zu trainieren,
- Verhältnisse von adäquater Kraftdosierung zu finden,
- über das Improvisieren, unterschiedliche Spielweisen und Spieltechniken variabel zu verknüpfen,
- Instrumente wertschätzen zu lernen,
- all diese Erfahrungen mit der Zeit verbalisieren zu lernen.

Was sollte man wissen?

„Visuelle oder/und taktile Wahrnehmung"

Ein einzelnes Instrument wird nacheinander von jedem Kind ausgiebig betrachtet bzw. tastend erforscht, um anschließend *eines* der besonderen Merkmale *dieses* Instrumentes zu formulieren. Kann das Instrument transportiert werden, gibt es die Möglichkeit, es im Kreis herumgehen zu lassen.

Spannend ist es, Kinder immer wieder mit ungewöhnlichen Methoden zu überraschen. So kann man bei einer reinen *visuellen* Wahrnehmungsschulung beispielsweise einen Klangstab auseinandergebaut aufrecht auf den Boden stellen. Die Kinder legen sich dabei gerne zum Betrachten hin. Der Klangstab kann aber auch auf einem kleinen Tablett präsentiert werden oder er hängt von der Decke herab. Hier gilt immer die Spielregel: „Berühren verboten, betrachten erlaubt!" Eine weitere Möglichkeit wäre, von z.B. zwei Kindern eine Form der Präsentationsmöglichkeit selbst gestalten zu lassen und damit die anderen zu überraschen.

Für all diese Varianten gilt es, im Vorfeld eine Entscheidung darüber zu treffen, ob das Instrument rein visuell bzw. taktil oder in einer Mischform von beidem erforscht und erlebt werden soll. Über das visuelle und taktile Erforschen lernen die Kinder sehr gezielt zu beobachten bzw. zu tasten, sie erfahren und verstehen die Besonderheiten und Eigenschaften der Instrumente wie u.a. technische Details und erweitern durch das Benennen parallel ihren Sprachschatz.
Gleichzeitig führt diese Wahrnehmungsschulung zu einem bewussten Umgang mit den Instrumenten und hierdurch zu einer Wertschätzung der Instrumente. Diese steigert sich nochmals über das Musizieren.

Bei einer reinen *taktilen* Wahrnehmung könnte den Kindern die Aufgabe gestellt werden, das Instrument hinter dem Rücken oder mit geschlossenen (verbundenen) Augen zu fühlen. Genauso gut könnte es in einem Stoffbeutel vor den Augen „versteckt" werden.

„Auditive Wahrnehmung"

Über das Experimentieren mit den Instrumenten sammeln die Kinder vielfältigste Klangeindrücke. Hier sollten sie ihrer Kreativität freien Lauf lassen können. Dies gilt auch im Hinblick auf die Nutzung von unterschiedlichen Schlegeln, seien dies Schlegel mit Filz-, Gummi- oder Holzköpfen oder aber auch Alltagsgegenstände. Ebenso können die Hände bzw. Finger als sehr interessante Schlegel eingesetzt werden. Entscheidend ist, dass die Kinder beim Umgang mit den Schlegeln nicht schlagen, sondern lernen zu musizieren. Beim Experimentieren gilt: „Es gibt kein *falsch* oder *richtig*!" Gerade beim Spielen mit dem Klangstab hört man, wenn der Klang nicht freigegeben wird, d.h. der Schlegel nicht „wegfedert", sondern am Klangstab „kleben" bleibt, oft: „Das ist falsch!" Nein, das ist nicht falsch, sondern eine Möglichkeit von Klang, einem Klang, der schnell verklingt, da er abgestoppt bzw. abgedämpft wird (siehe auch Kapitel 5.2.2 „Prozessorientierte Musikeinheiten"). Er wird gern in Klanggeschichten eingesetzt (z. B. als tropfender Wasserhahn), kann aber in der Konsequenz nicht mehr genutzt werden, wenn er vorher als „falsch" tituliert wurde. Es ist also von Bedeutung, den Klängen in ihrer Unterschiedlichkeit nachzuspüren, sie in ihrer Spielweise und Spieltechnik hören, imitieren und benennen zu lernen. Hierfür ist beginnend ein gemeinsames Experimentieren (bei dem alle Kinder ein Instrument haben können) vorteilhaft, jedoch ist das eigene Ausprobieren für die Begegnung der Klangfeinheiten des eigenen Spiels genauso wichtig. Die anderen Kinder schauen und hören in dieser Zeit zu und lernen so andere, von ihnen noch nicht entdeckte Klänge und damit verbundene Spielweisen kennen. Diese übertragen sie anschließend auf ihr eigenes Spiel. Hierdurch erweitern sie nicht nur ihr Klang-Repertoire, sondern erweitern und modifizieren parallel ihr Bewegungsrepertoire. Gleichzeitig stellt sich die Frage: Wie können die Klangunterschiede verbalisiert werden? Bei der Beantwortung dieser Frage müssen wir Pädagogen und Pädagoginnen aufpassen, den Kindern nicht unsere eigenen Vorstellungen und inneren Bilder überzustülpen oder über ihre Antworten, die im Moment für uns nicht stimmig sind, hinwegzugehen, anstatt sie zu hinterfragen. Die Fantasie- und Erlebniswelt der Kinder lässt Vergleiche zu, von denen wir als Erwachsene noch lernen können. Erinnern Sie sich an das Beispiel mit dem Feuerwehrauto (siehe Kapitel 4.7. Notation Ja/Nein, „Malen eines Musikstückes ohne festgelegte

Legende"). In diesem Beispiel fühlte ein Junge die Legatolinien eines Musikstückes so miteinander verbunden, dass er sich dazu den sich allmählich ausrollenden Wasserschlauch eines Feuerwehrautos vorstellte.

6.7.2 Schlegel-Einführung

Der Grundgedanke

Neben einer Instrumenteneinführung sollte auch eine Einführung der Schlegel stattfinden. Hierbei geht es darum, das Material zu erkunden, die unterschiedlichen Schlegelarten kennenzulernen und den Umgang mit ihnen, d. h. Handhabbarkeit, Kraftdosierung und Koordination zu trainieren. Die Vielfalt des Materials kann ebenfalls in der oben angeführten Form von visueller, taktiler und auditiver Wahrnehmung erkundet werden.
Für den Umgang mit den Schlegeln möchte ich einige Beispiele aufzeigen. Eine ruhige Musik wie u. a. „Morgenstimmung" aus der Peer Gynt Suite Nr. 1 op. 46 von Edvard Grieg erzeugt dabei eine unterstützende Atmosphäre.

Handhabbarkeit, Kraftdosierung und Koordination:

- Jedes Kind hat einen Schlegel und trägt ihn beginnend auf der Hand quer liegend (Hand Innen- und Außenseite) durch den Raum. Dabei werden die Hände gewechselt. (Später kann auch ein Schlegel auf jeder Hand liegen.)
- Lässt sich auch vor-, rück- oder seitwärts durch den Raum gehen?
- Kann man sich zwischendurch hinsetzen oder aufstehen, ohne dabei die freie Hand zu benutzen?
- Ein Kind überlegt sich, wie es den Schlegel halten möchte und gibt diesen dann im Sitz- oder Stehkreis weiter. Die anderen Kinder imitieren diese Griffweise beim Weitergeben. *Variante:* Mehrere Kinder bekommen einen Schlegel und überlegen sich eine Griffweise, die reihum imitierend übernommen wird. Ausgangspunkt könnte jedes dritte, vierte oder fünfte Kind im Kreis sein.
- Der Schlegel pendelt mal ruhiger, mal schneller mit dem Schlegelkopf nach unten, indem er nur von zwei Fingern gehalten wird. Beginnend

Daumen und Zeigefinger, später werden statt dem Zeigefinger die anderen Finger genommen. Auch hier findet ein Handwechsel statt.
- Frage: Wie viel Kraft braucht man, damit er nicht zu Boden fällt. (Training: Allmählich die Fingerspannung so weit lösen, dass der Schlegel zu Boden fällt.)
- Der Schlegel wird mit einer kleinen Wurfbewegung von einer in die andere Hand geworfen.
- Variante: nach der kleinen Wurfbewegung fängt die gleiche Hand den Schlegel wieder auf.
- Die Finger laufen „spinnenartig" am Stil des Schlegels Richtung Schlegelkopf und zurück (mit Handwechsel und Tempovariation).

Schlegelhaltungen:
- Die Finger laufen vom Schlegelkopf langsam soweit zurück, bis das Ende des Schlegelstils an der Handwurzel leicht herausschaut. Nun wird der Schlegel mit allen Fingern umschlossen gehalten.
- Der Schlegel bleibt in der Stellung, wird aber nur durch den Daumen und Zeigefinger gehalten.
- Der Schlegel bleibt in der Stellung, wird aber ohne den Daumen und Zeigefinger gehalten.
- Der Schlegel wird wie ein Löffel gehalten. (Imaginär mit einem Löffelschlegel die Suppe essen.)
- Der Schlegel wird wie ein Messer gehalten. (Imaginäres schneiden)
- Es sollten immer beide Hände im Wechsel trainiert werden.

6.7.3 Instrumente und Schlegel verteilen

Der Grundgedanke

Die Art und Weise, Instrumente zu verteilen, spielt zum einen für das soziale Lernen eine Rolle – Wer bekommt zuerst, wer zuletzt das oder ein Instrument? Wie ist der Umgang mit den Instrumenten? – zum anderen ist es für Kinder spannend zu erleben, dass es unterschiedliche Verteilungswege gibt, die sie gleichzeitig immer wieder überraschen.

Einige Beispiele:

- Die Schlegel liegen als Stern in der Mitte des Raumes. Die Kinder gehen im Metrum/Rhythmus der Musik (CD, Handtrommelspiel etc.) durch den Raum. Bei einem Stopp holt sich ein Kind auf Zuruf seines Namens einen Schlegel.
  Varianten:
- Die Kinder überlegen sich selbst im Vorfeld eine Reihenfolge des Abholens und merken sich diese.
- Die Schlegel werden beim Stopp wie gehabt einzeln nacheinander genommen, jedoch ohne eine vorherige Absprache. (Nonverbales soziales Lernen!)
- Die Instrumente werden auf Zuruf von den Kindern abgeholt.
- Die Kinder sitzen verteilt im Raum und die Instrumente oder Schlegel werden ihnen gereicht.
  Varianten:
- Ein oder zwei Kinder werden im Vorfeld bestimmt und bringen den anderen Kindern die Instrumente/Schlegel.
- Die Schlegel/Instrumente werden von Kind zu Kind wie bei einer Kette weitergeben.
- Die Kinder haben die Augen geschlossen und bekommen ein Instrument in die Hände gelegt. Durch forschendes Tasten klären sie für sich, um welches Instrument es sich handelt. Im Anschluss daran flüstern sie der Erzieherin das Ergebnis leise ins Ohr und öffnen dabei die Augen.
- Bevor die Kinder den Raum betreten, erhalten sie ein Farbblatt oder bekommen den Namen einer Farbe ins Ohr geflüstert. Kommen sie in den Raum, gehen sie zu dem Instrument, das auf dem entsprechenden Farbblatt steht bzw. einen farbigen Punkt bekommen hat.
- Die Instrumente sind unter einem Tuch und werden erfühlt.

Für das Weglegen der Instrumente/Schlegel wählt man ebenfalls eine Gestaltungsmöglichkeit. So können Bilder und Formen gelegt werden (ein Haus, ein Baum, ein Dreieck, ein Kreis, ein Strichmännchen etc.) oder sie werden frei aneinander oder auch vorsichtig übereinander gelegt. Gemeinsam überlegt man sich einen Namen für das so entstandene Instrumenten/Schlegel-Bild?

Der umgekehrte Weg wäre, für die Kinder, bevor sie den Raum betreten, ein Bild/Muster oder eine Form zu bauen. Sie finden dann ein „Überraschungs-Instrumentenbild“ vor. Dieses kann im Vorfeld auch von zwei Kindern gebaut werden, so dass sich die Kinder selbst immer wieder gegenseitig überraschen. In ihrer kreativen Art entwickeln sie hierfür ständig neue Gestaltungsideen.

6.7.4 Spieltechniken entwickeln

Beim Experimentieren mit den Instrumenten haben die Kinder eine Vielzahl von Klangmöglichkeiten erlebt. Ohne sich dessen zwingend bewusst zu sein, bedingt das Erforschen von Klängen parallel, dass jede Klangproduktion eine eigene Spielweise und damit auch eine eigene Spieltechnik verknüpft. Diese gilt es nun zu konkretisieren, sie also zu gestalten und wiederholbar zu machen. Dafür ist es notwendig, sich mit nur einem Klang zu beschäftigen. Kann dieser in seiner Klangfarbe, in seiner Dynamik und in seiner Klanglänge wiederholt werden? Viele Kinder haben beim Musizieren häufig eine Unter- oder Überspannung. Sie halten beispielsweise den Schlegel „lasch“ oder „verkrampft“. Auch hier gilt es, ihnen durch Fragen zu helfen, ihnen Wege aufzuzeigen, wie sie die Hand, den Arm, den Schulter- und Nackenbereich lösen oder anspannen können und ihnen nicht nur zu sagen „Halte doch den Schlägel mal fester oder lockerer“. Somit sind wir hier wieder bei dem wichtigen Thema „Körperwahrnehmung, Körperarbeit und Körperschulung als Grundlage in der musikpädagogischen Arbeit“ (Kapitel 6.4). Wenn unterschiedliche Klänge wiederholbar abrufbar sind, können diese verknüpft werden. Es entstehen Abfolgen im Sinne von Improvisationen oder auch kleine Kompositionen, die von den Kindern selbstständig erarbeitet werden können (siehe auch das folgende Kapitel 6.7.5 „Experimentieren, Improvisieren, Komponieren“).
Wie man unschwer erkennen kann, geht es in der Auseinandersetzung beim Musizieren um das Finden *des* bzw. *seines* Klanges oder Tons. Es zeigt sich, dass das Forschen, Finden und Formen eines Klanges oder eines Tons zu einer Spieltechnik führt. Diese kann bei einer Aneinanderreihung von Klängen und/oder Tönen gleich bleiben oder muss, je nach gestalteri-

schem Klangwillen, ständig modifiziert werden. *So formt der Klang die Spieltechnik und nicht die Technik des Spiels einen Klang!* Doch wie oft habe ich vor allem beim Instrumentalunterricht den umgekehrten Weg erlebt: man erlernt eine Technik (z. b. eine Handstellung) oder auch die Noten und dann macht man Musik. „Irgendwie" steht die Musik hier immer am Ende! In meinen Augen ein absoluter Irrweg, dem man schon beim Musizieren mit seinem Körper, seiner Stimme und mit Small-Percussion in der Elementarpädagogik begegnen sollte.

6.7.5 Experimentieren, Improvisieren, Komponieren

Im vorhergehenden Kapitel 6.7.4. „Spieltechniken entwickeln" habe ich den Weg des Experimentierens mit Instrumenten aufgezeigt. Der weiterführende Weg geht über das Improvisieren zum Komponieren. Diese Kompositionen, die die Kinder entwickelt haben, können dann mit Hilfe einer Legende notiert werden.

Spiele aus der Praxis

Experimentieren

Nachdem verschiedene Klänge experimentell erforscht wurden, dies sowohl in der Gruppe gleichzeitig als auch allein, werden diese vorgestellt. Im nächsten Schritt hilft man den Kindern, einen ihrer Klänge zu präzisieren, ihn mit Hilfe von offenen Fragen zu gestalten. Über diesen Weg lernen die Kinder beim Zuschauen und Zuhören, wie ein Klang sich immer mehr formt. Gleichzeitig hilft ihnen dieser Input, einen Weg für das Imitieren dieses Klanges zu finden.

„Klang-Koffer packen" (siehe 6.2 Koffer packen mit Bodypercussion)
Jetzt kann das Spiel „Klang-Koffer packen" gespielt werden. So werden von den Kindern allmählich all ihre Klänge eingepackt.

„Versteckte Klänge“

Ein Kind steht hinter einem Vorhang oder einer Trennwand und spielt einen Klang auf seinem Instrument. Wie wurde dieser Klang produziert? Aufgrund der erlebten Vorerfahrungen können die Kinder durch Zuhören den Klang selbst finden und imitieren.

„Klang-Orchester“

Alle Kinder suchen sich auf ihrem Instrument einen „Lieblingsklang“. Im Anschluss daran wird ein Orchester gebildet. Reizvoll hierfür ist es, sich mit Kindern wie ein „echtes“ Orchester aufzubauen und Raumebenen mit Hilfe von Tischen und Stühlen herzustellen. Gleichzeitig ist es für Kinder interessant, Informationen über ein Orchester und über das Dirigieren zu bekommen. Jetzt wird ein Dirigent gewählt. Dieser hat die Aufgabe, die Klänge der Kinder in der Überlagerung, in der zeitlichen Länge und in der Dynamik zu gestalten. Immer wenn er auf ein Kind zeigt, spielt es seinen Klang wiederholend solange, bis es auf ein weiteres Zeichen (Zeigefinger am Mund oder geschlossene Hand etc.) verstummt. So können einzelne Klänge als auch Klangüberlagerungen, musiziert von mehreren oder allen Kindern, zu hören sein. Die einzelnen wie auch die überlagerten Klänge können durch den Dirigenten, mit Hilfe von verabredeten Zeichen, in der Dynamik verändert werden. So bedeuten beispielsweise zwei weit auseinander stehende Hände ein lautes Musizieren, entsprechend zwei dichte Hände ein sehr leises Musizieren. Sind sie gar geschlossen dann ist das eine Pause. So kann die Lautstärke von plötzlich laut zu plötzlich leise ebenso gesteuert werden, wie ein allmähliches lauter oder leiser werden. Überraschende Pausen sind dabei sehr reizvolle Momente, die die Kinder sehr spannungsvoll erleben. Gleichzeitig kann so das Thema „Pause“ den Kindern als ein wichtiges Thema in der musikpädagogischen Arbeit, im Sinne von „Spannung / Spannungsaufbau“ in der Musik, und nicht im Sinne von „Ausruhen/Erholen“ aufgezeigt und für sie wirkungsvoll erfahrbar nahe gebracht werden.

Improvisieren

Die Kinder suchen sich eine gewisse Anzahl von Klängen aus. Mit Hilfe dieser Klänge beginnen sie, ein kleines Musikstück reihum zu improvisieren. Auf Zuruf oder Zeichen können die Gewürze der Musik mit berücksichtigt werden. Ebenso kann die Verabredung getroffen werden, dass es einen Unisono-Klang gibt, den alle, wenn er angespielt wird, sofort mitspielen. Hierdurch kommt es zu einem Wechselspiel von Solo und Unisono.

Variante:

Auch hierfür kann ein Orchester mit einem Dirigenten gebildet werden. Die Regeln wären die gleichen wie oben.

Komponieren

Kann das improvisierte Musikstück auch wiederholt werden? Wenn ja, dann ist die erste Komposition fertig! Hierfür ist das Zauberwort „Reduktion" oder auch „Weniger ist Mehr" wichtig. Eine Auswahl von zwei Klängen reicht völlig aus, damit eine schöne kleine Komposition entstehen kann. Entscheidend ist auch hier das Musizieren: wie ist die Gestaltung des Tempos, der Dynamik und der Artikulation? Wie ist die musikalische Form, die Architektur des Stückes? Ein 10-Sekunden-Stück ist mehr als ausreichend.
Es ist für Kinder sehr reizvoll, eigene Kompositionen zu entwickeln. Diese können über das Experimentieren und Improvisieren entstehen oder aber auch mit Hilfe von Themen. Wie könnte unter dem Thema „Ein Spaziergang durch den Wald" oder „Eine Reise mit dem Schiff" eine kleine Komposition klingen? Und wie könnte diese mit Hilfe einer freien Notation fixiert werden? Gleichwohl kann man aber auch mit Kindern den umgekehrten Weg gehen: Sie malen beginnend eine Reihe von Bildern beispielsweise über das Thema „Ein Besuch auf dem Mond" oder eben auch „Ein Spaziergang durch den Wald" und klären bei ihren Bildkompositionen die Reihenfolge. Diese Bilderreihenfolge könnte dann vertont werden. Dies geschieht zu Beginn über ein experimentelles Entwickeln von Geräuschen, Klängen und/oder Tonfolgen. Mit Hilfe von unterschiedlichen Improvisationen werden sie immer wieder neu in ihrer Reihenfolge und Überlagerungen verknüpft und „getestet". Stellt sich dann heraus, dass man mit einer bestimmten Improvisation zufrieden ist und kann diese wiederholen, so hat man eine neue Komposition erstellt, ausgelöst und entstanden durch eine Form der Notation.

6.8 Musikpräsentationen mit Kindern

Sich mit ihrem „Können" zu präsentieren ist für Kinder ein schönes Erlebnis. Dies sowohl untereinander, wie auch wenn sie eine Präsentation für ihre Eltern und Großeltern vorbereiten. Es ist nicht schwer, die erlebten Musik-Ergebnisse zu zeigen und es braucht nicht immer fertige „Produkte" oder Projekte, wie beispielsweise ein Kindermusical. Nein, gerade kleine Musikergebnisse sind häufig besonders reizvoll und zeigen gleichzeitig den Wegverlauf der Kinder in ihrer Auseinandersetzung und Begegnung mit der Welt der Musik. Einige Präsentationsideen und Tipps:

Musikergebnisse mit Erklärungen

Es ist eine gute Möglichkeit, kommentierend die Musikergebnisse oder auch Zwischenergebnisse anderen Kindern, den Eltern, Großeltern oder Freunden zu zeigen. Dabei helfen die Erklärungen die musikpädagogischen Schritte aufzuzeigen oder die Musikinhalte zu verstehen. Diese Kommentare oder Erklärungen können auch von den Kindern selbst erzählt werden. Wenn man ihnen dabei helfen möchte, ist es ein schöner Weg, sie mit offenen Fragen zu unterstützen. Ein schönes Thema ist die Präsentation der neu kennengelernten Instrumente und Schlegel. Gleichzeitig kann man auch ein kleines Spiel zum Zuhören zeigen. Wie heißen die gehörten Instrumente und in welcher Reihenfolge wurden sie gespielt? Und, mit welchem Schlegel? Wer konnte dabei heraushören, an welcher Stelle sie angeschlagen wurden? Für das Publikum ist es immer wieder faszinierend, dass Kinder das alles hören können!

Zuhörer/Zuschauer machen mit

Wenn die Kinder ihre Musikergebnisse oder auch musikpraktische Arbeitsschritte zeigen, können die Zuhörer/Zuschauer gut mit integriert werden. Sei dies, dass sie den Refrain mitsingen, eine Bodypercussion-Sequenz mitmachen, das Spiel „Hoch-Tief" bzw. „Hell-Dunkel" nachdem sie es bei den

Kindern gesehen haben angeleitet von diesen nun selbst spielen oder bei einer Liedbegleitung eine eigene Stimme mit Raum- oder Körperklängen mit musizieren. Es kann aber auch ein Vor- und Nachspielen („Call and Response“ oder „Solo-Tutti“) von Trommelrhythmen auf Tischen oder Stühlen sein.

Liedpräsentationen

Die Pepperbillies **Musik: trad. – USA Text: mündlich überliefert**

Die Kinder kommen mit dem Lied „Die Pepperbillies“ als Zuglokomotive mit Wagen in den Raum. An der Textstelle „macht es“ stehen die Füße parallel und die Zugfahrt hat einen Stopp. Dann kommen die Lokomotiv-Geräusche („wuuh-wuuh-dsch-dsch“) von allen Kindern verknüpft mit einer Bewegung, die die Kinder sich im Vorfeld überlegt haben. Bei der anschließenden Textstelle (mit Zählerweiterung) „schon sind sie vor-bei 2–3–4–1–2–3–4“ setzt sich der Zug wieder in Bewegung und es beginnt von Vorne mit „Früh am Morgen“.

Varianten:

a. Die Kinder können metrisch auf Viertel, Halbe oder Achtel gehen.
b. Die Kinder können den Silbenrhythmus gehen.
   Der Stopp und die Fortsetzung der Fahrt, wird in beiden Fällen beibehalten.
c. Die Kinder können in verschiedenen Zügen zur Tür hereinkommen und unterschiedliche Fahrstrecken haben. Immer wenn ein Zug anhält, nimmt der nächste Zug die Fahrt auf. Sind alle im Raum, starten sie zum Abschluss gemeinsam, aber ebenfalls mit unterschiedlichen Fahrstrecken.
d. Die Kinder können in verschiedenen Zügen gleichzeitig starten. Ein Zug kommt durch die Tür gefahren, ein anderer startet hinter einer Trennwand und ein dritter beispielsweise aus den Zuschauerreihen.
e. Die Kinder kommen im Kanon singend in verschiedenen Zügen hereingefahren. Die schwierigste Variante. Zur Vereinfachung könnte das Lied auch als Kanon gesprochen werden.

Liederreise

Das Lied „Die Pepperbillies" könnte auch als Ausgangslied für eine Liederreise genutzt werden. Singend fährt der Zug los. Am Ende heißt es „schon sind sie vor-bei 2–3–4–1–2–3–4". Der Zug hat sich wieder in Bewegung gesetzt aber fährt jetzt mit einem „sch-sch-sch-sch" (mal schneller oder langsamer, mal lauter oder leiser) weiter, mit einem verklingenden „schchchchch" hält er an. Es beginnt eine kleine (improvisierte) Geschichte mit den Fragen: „Oh, wo sind wir denn hier gelandet, wer steht denn da an den Gleisen?" Diese Fragen führen in weitere Lieder oder Geschichten (auch Klanggeschichten). Beispielsweise treffen sie auf „Balou" den Bären aus dem Dschungelbuch („Probier's mal, mit Gemütlichkeit"), „ne kleine Wanze" die auf der Mauer sitzt, „Pippi Langstrumpf" oder „Paula" (siehe S. 119).
Die „Liederreise" kann in dieser Form mit den Kindern alleine präsentiert werden oder aber auch mit einem „aktiven" Publikum stattfinden.

Instrumentalspiel im Wechsel mit Tanz

Ein Instrumentalspiel, das Vertonen einer Geschichte oder ein selbst entwickelter Tanz sind oft bei einer Präsentation zu sehen. Reizvoll ist es einen Tanz mit einem Instrumentalspiel zu verbinden und zwar in der Art und Weise, dass beide Gruppen tanzen und musizieren.

7. Anhang

7.1 Alphabetisches Verzeichnis der Praxisbeispiele

Wie bereits im Buch erwähnt, sind die nachfolgend aufgelisteten Spiele nicht als Rezepte zu verstehen, sondern als Ideenspender im Stoffgebiet selbst als auch für die anderen im Buch angesprochenen Bereiche.

7.2 Buchtipps

Musiklexika – Musikgeschichte

Dahlhaus/Eggebrecht/Oehl „Brockhaus Riemann Musiklexikon“ 4 Bände mit CD-Rom, Schott-Verlag
Floros, Constantin „Neue Ohren für neue Musik“, Schott-Verlag
Michels, Ulrich „dtv-Atlas Musik“ Band 1 und 2, Deutscher Taschenbuch Verlag
Harden, Ingo „Epochen der Musikgeschichte“, Kohlibri
Nestler, Gerhard „Geschichte der Musik“, Schott-Verlag

Allgemeine Musiklehre – Musikpädagogik

Hempel, Christoph „Neue Allgemeine Musiklehre“, Schott-Verlag
Ziegenrücker, Wieland „ABC Musik, Allgemeine Musiklehre“, Breitkopf & Härtel
Jacoby, Heinrich „Jenseits von ‚Begabt und Unbegabt‘“ Christians
Jacoby, Heinrich „Jenseits von ‚Musikalisch und Unmusikalisch“ Christians

Stimme – Stimmbildung

Coblenzer, Horst / Muhar, Franz „Atem und Stimme“, öbvhpt
Hey, Julius „Der kleine Hey“, Schott-Verlag
Mohr, Andreas „Handbuch der Kinderstimmbildung“, Schott-Verlag
Scheufele-Osenberg, Margot „Die Atemschule“, Schott-Verlag
Guggenmos, Josef „Was denkt die Maus am Donnerstag?“, Dtv

Liederbücher – Liedermacher

Becker / Führe / Held / Merkt / Neumann / Steffen-Wittek „Mikado“ Liederbuch mit CD, Klett-Verlag
Furgber / Posada-Charrua / Rizzi „Lollipop“ Liederbuch mit CDs, Cornelsen
Kreusch-Jacob, Dorothee „Mit Liedern in die Stille“, Patmos

Kinderliedermacher (CDs und Noten):

www.kindermusik.de
Kopiervorlagen im Buch von:
http://manfred-kindel.de/unmada/
http://www.spunk-musik.de
http://www.rainerwenzel.de

Bewegungspädagogik

Bernard Andre / Stricker Ursula / Steinmüller Wolfgang „Ideokinese. Ein kreativer Weg zu Bewegung und Körperhaltung“ (Taschenbuch), Huber, Bern
Feldenkrais, Moshe „Bewusstheit durch Bewegung. Der aufrechte Gang.“ (Taschenbuch), Suhrkamp
Franklin, Eric N. / Ihle Ursula „Kraftvoller Auftritt. Tanzen mit Power und Perfektion: Die Franklin-Methode®“ (Gebundene Ausgabe), VAK Verlags GmbH

Der menschliche Geist – Hirnforschung

Gardner, Howard „Intelligenzen. Die Vielfalt des menschlichen Geistes“, Klett-Cotta
Singer, Wolf „Ein neues Menschenbild? Gespräche über Hirnforschung“, Suhrkamp
Spitzer, Manfred „Lernen“, Spektrum Akademischer Verlag

Allgemein

Giger, Peter „Die Kunst des Rhythmus“, Schott-Verlag
Schaub, Stefan „Hören mit Begeisterung“ mit 4 CDs, Schott-Verlag

7.3 Instrumente, Equipment, Anschaffungsempfehlungen

Handtrommeln:

25 cm Durchmesser, stimmbares Naturfell (für jedes Kind „!")
40 cm Durchmesser, stimmbares Naturfell (für die Musikfachkraft und auch zum Spielen für mehrere Kinder gleichzeitig)

Klangstäbe:

Klingende Stäbe, Sonor Tenor (c1 – f2 chromatisch)
+ diverse Sticks, Besen, Schlegel und Mallets
und
Boomhackers (chromatisch)

Small-Percussion (allmählich ergänzend)

1 – 2 Agogo-Bells, 2 – 3 unterschiedliche Becken, 1 – 2 Cabasa, 1 Cajon, 2 –4 Paar Caxixis, 4 – 6 Paar Claves, 2 Guiro, 1 Ice-Bell, 2 – 3 Klangschalen, 2 – 4 Paar Maracas, 1 – 2 Pauken, 1 Rainmaker, 2 – 3 Triangeln, Schellen (für jedes Kind „!"), diverse Shaker, 1 Vibra Slap und andere Effekt-Percussion, 2 Remo Bongos (Kids) und 2 Remo Conga (Kids)

Instrumente

2 Lotusflöte, Kasu (für jedes Kind), 1 Melodica, 2 – 3 Stimmgabel

Empfehlung für diverse Technik

Metronom: Tama RW-105 Rhythm Watch
CD-Player: Tascam CD-VT 2 Vocal Trainer + Computerboxen
Superscope PSD 340 (ein CD-Player mit integrierter Tempo- und Tonhöhenmodulation sowie mit Aufnahmemöglichkeit)
Aufnahmegerät (MP3 Player, Computer) + Mikrofon (u. a. Stereomikrofon)
Digitalfoto (schnelle Fotos und Videoclips „Zuschauer")

7.4 CD-Tipps

Liedermacher u. a. unter:

www.kindermusik.de
www.hamburg.kinder-stadt.de/buecher/kindermusik.htm

Al Jarreau „Accentuate the positive“ (u. a. Bodypercussion)
Stefan Raab „Hier kommt die Maus“ (u. a. Bodypercussion)
Bobby Mc Ferrin „Hush“ (mit Yo-Yo Ma), „Circlesongs“
Dave Brubeck „Greatest Hits“ (Taktarten)

Djingalla CD 1 und 2 „Tanz- und Bewegungsmusik“
Guem et Zaka „Best of Percussion“
Shilkloper / Correa / Breinschmid / Bettega / Dickbauer „Mauve“

Edvard Grieg „Holberg-Suite“ und „Peer Gynt Suites“
Peter Iljitsch Tschaikowsky „Nussknacker-Suite“
Anton Dvorak „Slawische Tänze“
Johannes Brahms „Ungarische Tänze“
Robert Schumann „Album für die Jugend op. 68“, „Waldszenen op. 82“, Kinderszenen op. 15“
Modest Mussorgsky „Bilder einer Ausstellung“
Sergei Prokofiev „Symphony No. 1 op. 25“
Claude Debussy „Prélude à l‘après-midi d‘un faune“, „Préludes“
Frederic Chopin „Mazurkas“
Erik Satie „Klavierstücke“

Filmmusik (diverse; lohnend für Atmosphären)
Neue Musik und Experimentelle Musik (diverse; u. a. Klang- und Geräuschreizen begegnen)

Leonard Bernstein „Konzert für junge Leute“ (CD und Buch)

Interessante Quelle für gut ausgesuchte Musik-CDs:
www.robin-hood-versand.de

7.5 Verwendete Fachbegriffe

Accelerando	italienisch = (allmählich) beschleunigen
Adagio	italienisch = langsam, ruhig; ein langsames Tempo in einer Geschwindigkeit von etwa 66 – 76 Schlägen/Minute
Allegro	italienisch = munter, fröhlich; ein Tempo von einer Geschwindigkeit von etwa 120 – 168 Schlägen/Minute
Andante	italienisch = gehend, schreitend; ein mittleres Tempo von einer Geschwindigkeit von etwa 76 – 108 Schlägen/Minute
Artikulation	legato, portato/tenuto, staccato, die „Aussprache der Musik“
atonale Fremde	Die atonale Musik befreit sich von einem tonalen Zentrum oder Grundton, im Gegensatz zur tonalen Musik (Dur, Moll) die hier eine Fixierung besitzt.
Auftakt	Beginnt (unvollständig) vor dem ersten vollständigen Takt in einem Stück und ist eher unbetont; zusammen mit dem letzten Takt des Stückes wird er ergänzt und es entsteht so ein vollständiger Takt
Bausteine der Musik	Rhythmus, Melodie, Harmonie
Bordunspiel	Begleitung einer Melodie durch eine Bordunquinte (bestehend aus dem Grundton und dem Ton der 5. Stufe)
Call and Response	Frage und Antwort
Crescendo	italienisch = allmählich lauter werden
d1, c2, c4 was ist das?	 Diese Note C ist in der Tonhöhe mit C' definiert. Das C eine Oktave höher würde mit C'', mit zwei Oktaven höher mit C''' etc. bezeichnet werden. Das C, das eine Oktave tiefer erklingt, wird mit dem C der kleinen Oktave bezeichnet. Erklingt es zwei Oktaven tiefer, wäre es das C der großen Oktave. Bei drei Oktaven das der Kontraoktave und dann wäre es die Subkontraoktave. Das gleiche gilt für alle dazwischen liegenden Töne. Hierdurch findet eine genaue Bestimmung der Töne innerhalb der Oktavlagen in Höhe und Tiefe statt.
Decrescendo	italienisch = allmählich leiser werden
Dynamik	Laut- bzw. Klangstärke
Forte	italienisch = laut
Gewürze der Musik	Dynamik, Tempo, Artikulation
Harmonie	siehe 4.4 Bausteine der Musik, S. 25

Intervall	(lateinisch) der Abstand bzw. das Verhältnis von zwei gleichzeitig oder nacheinander klingenden Tönen
Legato	italienisch = gebundene Töne (ohne Lücke/Pause; Symbol: eine Linie als Bogen von Ton zu Ton)
Melodie	siehe 4.4 Bausteine der Musik, S. 25
Metrum	siehe 4.4 Bausteine der Musik, S. 26
Mezzoforte	italienisch = mittellaut
Moderato	italienisch = mäßig; ein mittleres Tempo von einer Geschwindigkeit von etwa 108 – 120 Schlägen/Minute
Motiv (siehe Dirigat)	ist die kleinste melodische oder rhythmische Sinneinheit, die sich dem Hörer aufgrund ihres Charakters einprägt.
Notation	das Aufschreiben und „Festhalten" von Kompositionen (sowohl traditionell als auch als Bild oder Grafik etc. mit erklärender Legende)
Ostinato	lateinisch = hartnäckig, eigensinnig; in der Musik eine sich stetig wiederholende musikalische Figur (Melodie oder Rhythmus)
Parameter der Musik	Dynamik, Tempo, Artikulation
Periode	zeigt die größere Struktur bzw. Gliederung eines Musikstückes, die im Regelfall zweiteilig ist und aus einem Vorder- und Nachsatz besteht. Dieser Vorder- bzw. Nachsatz setzt sich wiederum aus der Aneinanderreihung von Phrasen zusammen.
Perkussiv	Klänge, die ein kurzes Einschwingverhalten haben, wie beispielsweise die von Schlaginstrumenten oder von gezupften Saiten); diese Klänge werden dazu verwendet, einen Rhythmus aufzubauen
Phrase (siehe Dirigat)	ist eine etwas größere Gliederungseinheit, die sich aus der Wiederholung eines Motivs oder auch durch die Aneinanderreihung von mehreren Motiven ergibt.
Piano	italienisch = leise
Portato	italienisch = getragen (Sympol: Strich unter/über der Note)
Quarte	(lateinisch)ein Intervall, das vier Tonstufen einer Tonleiter umspannt, z. B. C – F, D – G
Rhythmus	siehe 4.4 Bausteine der Musik, S. 27
Quinte	(lateinisch)ein Intervall, das fünf Tonstufen einer Tonleiter umspannt, z. B. C – G oder D – A
Ritardando	italienisch = (allmählich) abbremsen, verzögern
rubato	wie ein Spaziergang: an manchen Stellen verweilend, an manchen Stellen beschleunigend, mit dem Tempo spielend

Sexte	(lateinisch)ein Intervall, das sechs Tonstufen einer Tonleiter umspannt, z. B. C – A oder D – H
Solmisation	Hilfsmittel zur Tonraum- und Tonhöhenvorstellung (Benennen der Töne nach einem Verfahren von Guido von Arezzo, 11. Jahrhundert)
Solo	alleiniges Spiel bzw. akustisch dominant hervorgehobenes Spiel mit einer Begleitung
Staccato	italienisch = gestoßen; kurze Töne, die voneinander getrennt sind (Symbol: Punkt unter/über der Note)
Takt	siehe 4.4 Bausteine der Musik, S. 27
Tempo	Geschwindigkeit, z. B. allegro, andante, moderato oder Metronomangaben (z. B. Viertel = 120pm)
Tenuto	getragen, gehalten, aber nicht gebunden (Sympol: Strich unter/über der Note)
Terz	(lateinisch) ein Intervall, das drei Tonstufen einer Tonleiter umspannt, z. B. C – E oder D – F
Tonales Zuhause	eine definierte Tonart (Grundton), die während eines Stückes aufgezeigt und am Ende noch einmal bestätigt wird
Tutti	italienisch = alle; gemeinsames Spiel
Unisono	italienisch = Einklang; alle spielen bzw. singen dieselbe Stimme

Danksagung

Mein herzlicher Dank geht an:

Meine Kollegin Barbara Schultze, die den Fachbereich Rhythmik an der Akademie Remscheid leitet, für die vielen vertiefenden Gespräche und Diskussionsrunden innerhalb der letzten 10 Jahre, die sich auch auf dieses Buch auswirkten.

Donata Vitale-Fiedler, die mir immer den Rücken frei hielt, Mut zusprach und meine fehlende Zeit für die Kinder kompensierte.

Antje Steenbeck (Kiel), die mich als unermüdliche Kritikerin, mit großer Hingabe und viel Kraft für die Sache unterstützte. Sie bearbeitete im Hintergrund meine Texte und bewahrte mich, durch ihre Sorgfalt und ihren Sachverstand, vor vielen kleinen Fehlern und Ungereimtheiten. Für diese entscheidende und zeitintensive Mithilfe, noch einmal ein besonderes: Danke!

Alle Kinder mit denen ich die Chance hatte musikpraktisch zu arbeiten, für ihre vielen Inspirationen und kreativen Ideen.

Kiel (Velbert/Remscheid) im Oktober 2007
Herbert Fiedler

„Musik ist die Kurzschrift des Gefühls.“ *Leo Tolstoi*

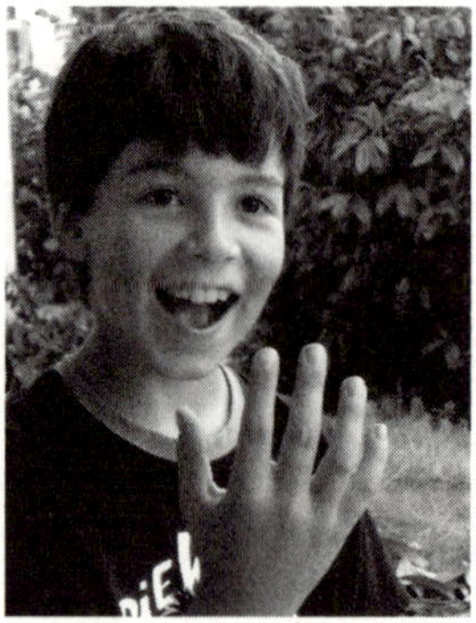

„Dem Klavier sage ich das, was ich so manches Mal Dir sagen würde.“
Frédéric Chopin